超実戦！

繁盛「看板」はこうつくる

お客がどんどん集まる看板づくりのテクニック

中西正人

同文舘出版

はじめに

チラシ、ホームページ、ダイレクトメール、テレビCM、名刺、会社案内……あらゆる販促手段のうち「看板」ほど、日常生活の用語として、よく使われている言葉はありません。

「看板商品」「看板娘」「看板役者」「看板倒れ」「看板に偽りなし」等々。

日本人は「看板」という言葉を、物質としての単なる「看板」（＝宣伝・広告のために店舗に取り付ける物体）という意味以上の、深い意味合いを含んで使っています。

「人目につくように書いたもの」という看板本来の意味が「人目をひき、客を呼ぶもの」と転じ、さらに「その店の代表、一番、すべてをあらわすもの」という意味にまで昇華しました。そのなかで私たちは「看板」という言葉を使っているというわけです。

看板とは、「その店の一番・代表で、お客様を呼ぶ」モノなのです。

経営者にとっても、お客様にとっても、これほど大切でなじみの深い販促媒体でありながら、これまで看板を使った売上アップのノウハウが体系的に語られることは、ほとんどありませんでした。

本書では、どうすれば、お客様にどんどん来ていただける看板がつくれるのか？　という基本的な内容はもちろんのこと、派手な看板で一時的に流行ってもすぐに廃れてしまうお店と、永くお客様を集め続けることのできる看板の違い。客数だけでなく、客単価も上がる看板。さらには、究極の看板は「看板のない看板」、花一輪・お茶一杯さえも看板である……というところにまで踏み込み、「売れる看板づくりのノウハウ」と「経営そのもの」を有機的に結び付けています。

本書の内容と事例を実践していただき「看板づくりが上手いお店」となっていただければ、自然と「経営上手」になっていくはずです。

「看板」＝「経営」と言い切ることができるのは、「なぜ、私が看板の本を書かなければならなかったのか？」という点にも関係します。

私は、看板を使う側（店舗）の支援に約４００社、看板をつくる側（看板製作会社）の支援にも、30社ほど携わっています。「使う側」と「つくる側」の両方の実務支援をしている経営コンサルタントです。

両方の視点を第三者的に理解できる専門家として、この本を書きました。

私は、看板を使って、店舗にお客様を集め、売上・利益を上げることが得意で、その重要性も体感している人間ですが、「看板屋さん」ではありません。

コンサルタントとして、看板を含む有効なマーケティング手段の用法、商品政策、スタッフの戦力化……などのテーマを日々研究しています。ですから、その店舗の現状を把握して、もしも看板よりももっと有効な販促手段があれば、迷わずそちらを選択しています。

大局的にその店舗を見て「看板」をリニューアルすることが有効かどうか？　という判断をしてから、看板づくり支援に取りかかっています。

一方で、看板製作会社＝看板屋さんへのコンサルティングも行っていますので、「看板」について、かなり詳しい商品知識を持っています。また、看板業界の技術のすばらしさや業界特性も、よく理解しています。

本書に出てくる数多くの看板事例は、このような現場のコンサルティングの中で培われ、必要最低限のコストのなかで最大限の売上・利益を上げるよう、超実戦的につくられた、実際にお客様を集め続けることのできる、良質な看板事例ばかりです。

「お金に余裕のある会社だから、豪華な看板がつくれるのだろう」「看板屋さんと依頼主の自己満足だろう」「この看板が本当に売上につながるのだろうか?」といった看板事例は、皆無です。「質実剛健」で「実戦に強い」という言葉がぴったりの「これ以上でも、これ以下でもない」等身大の事例と原則をまとめました。

本書をきっかけに、一人でも多くの方が、本気で「自分そのもの」「自分のナンバーワン」を表現した看板をつくり、繁栄し続けることを、心から願っています。

また本書が、日本全国のお客様志向の看板屋さんと、前向きな店舗オーナーとの「架け橋」となれば、日ごろお世話になっている看板業界に、ほんの少しの恩返しができるのかもしれない……と感じています。

2008年10月

腕は一流、人気は二流、ギャラは三流　赤ひげ経営コンサルタント　中西　正人

目次

2章 看板で売れるサイクルをつくり出す極意

3章 主な看板の種類と最適な活用方法

4章 新規顧客がどんどん増える看板づくりのコツ

5章 客単価が上がる看板づくりのコツ

6章 リピート率が上がる看板づくりのコツ

7章 看板娘と看板男をつくり上げよう

8章 よき看板製作業者と巡り会う方法

カバーデザイン　藤瀬和敏
本文デザイン　月・姫
イラスト　内山良治

SECTION

1章

看板の効果で売上がぐんぐん上がる

SECTION

01 看板ひとつで、集客が倍増した不動産会社のケーススタディ

●お店の立地を見る

ある日、私のもとにご支援先の社長からのご紹介で、このような案件が持ち込まれました。

「不動産賃貸の専門店をつくりたい。お店の場所はもう決まっている。売上が上がるお店をつくってほしい」

早速、店舗の候補物件を見せてもらいに行きました。

大都市からＪＲ線で３つめの駅。駅の乗降客数は、１日平均約2万人。完全な繁華街というわけでもなく、完全な住宅街とも言えない、大都市の「すそ野」にある町です。周辺には大学もあり、一人暮らしの学生も多く住んでいます。

店舗そのものは、駅前からは見えないが、歩いて3分くらいの位置。駅前から何本か出ているメイン道路の１本と、通行量が相当多い「旧国道」の交差点の角に、その候補物件はありました。

10分間のうちに店舗の前を走る車の台数は、東西南北合わせて平均３００台くらい。交差点の歩行者は、１回の信号が変わるまでに最低でも2～３人は待っています。

１００点満点の物件条件というものは、なかなかないものです。今回の物件は、車中心の道路に面しているにもかかわらず、駐車場スペースがない点など、減点要素はあるものの、80～90点をつけてもよい内容でした。

●激戦区で始める看板マーケティング

しかし、この地域には、誰もが名前を知っている大手不動産チェーン店、地方ローカルチェーン店、独立系老舗店など30店舗以上が点在しており、しのぎを削る「賃貸専門店の激戦区」。そして、この社長にとっては、はじめての経験となる賃貸専門店、第一号店。

このお店が、知名度なし、実績なし、広告費なし、情報誌なし、もちろんＣＭもホームページもなし……このような状態からのスタートにもかかわらず、「看板マーケティング」で、初年度から驚異的な売上を上げることになるのです。

１章では、この賃貸専門店のケーススタディをご紹介してゆきます。

看板をつける前の物件周辺写真

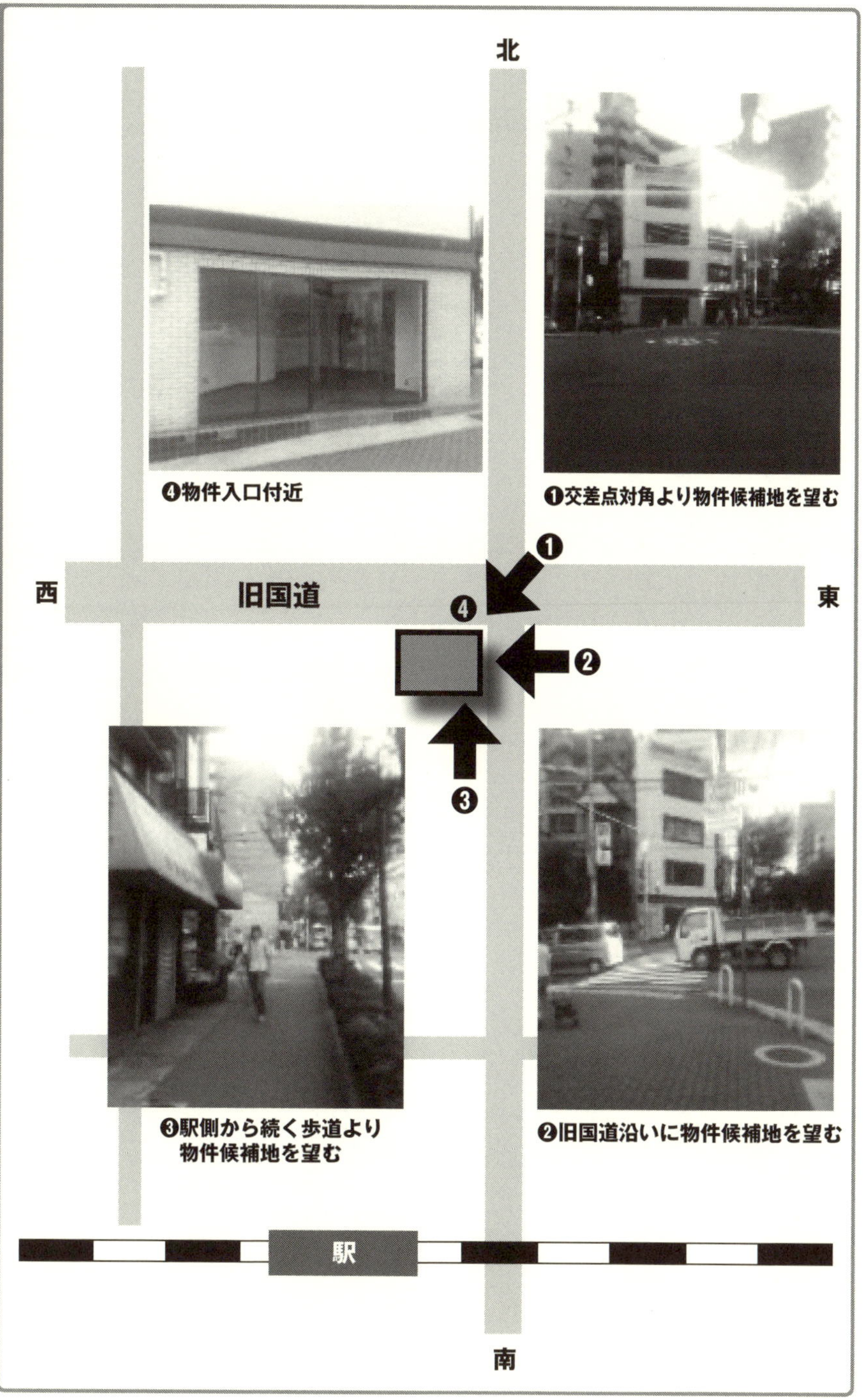

❹物件入口付近
❶交差点対角より物件候補地を望む

❸駅側から続く歩道より物件候補地を望む
❷旧国道沿いに物件候補地を望む

SECTION

02 お店の特長を、看板に反映させる

●他店との差別化ポイントを整理する

「売上を上げる」ということは「お客様に選ばれる」ということです。

ライバル店が30店舗以上ひしめいている地域で「お客様に選んでもらえる存在」にならなければ、新規参入者が売上を上げることは困難です。

「どこにでもあるような賃貸専門店」ではだめなのです。

そこで、まず、自分たちの他社と差別化できそうな特長や、お客様に訴えたいことを、スタッフ全員で整理しました。

①地域密着であること　②誠実に対応すること　③明るく楽しい雰囲気であること

しかし「これだけでは決定的な差別化要素というには、少し弱いだろう」ということで、お客様が不満に思っている点を解消するサービスを追加しました。

④自由閲覧システム……通常カウンターの後ろに置かれ、スタッフしか見ることができない「物件情報ファイル」をお客様が自由に見ることができるサービス

⑤15分間クイック検索サービス……お急ぎの方には、15分以内に希望物件をご提示するサービス

これらを看板に表現してゆくことにしました。

●お店の内面を看板に反映

人間は、若い頃は親からもらった遺伝子と、流行を外から取り入れることで、他人を魅了する「外見」をつくり出します。年を取ると、その人の性格や生き様などの内面が顔や外見ににじみ出て、他人を惹きつけます。

看板も同様です。短期的にお客様を魅了したいのなら、他店で上手くいっている例を、そのままモノマネすることがベストです。「フランチャイズチェーンに加盟する」ということは、その典型です。長期的にお客様に支持され続けるためには、それに加えて、自店の「内面」を看板に表現してゆくことが不可欠です。

ただ単に「当たる看板づくり」「カネを生み出す看板づくり」を考えるのではなく、自分がどんな考え方で、どんな店舗をつくりたいのか？　を事前に整理し、それを看板に表現してゆくことが大切なのです。

売上とはお客様から商品・サービスの対価としてお預かりしているお金の合計

表現されている看板は
時間が経過しても
長くお客様に
支持され続ける

SECTION
03 建物をいっぱいに使って看板をつくる

さて、賃貸専門店は、写真のようにメイン看板を建物の2階の窓にかかるまで高さをとり、それを入口正面だけでなく、横側まで巻き込むことで、間口を大きく見せ「建物の看板化」のベースをつくっています。

●お客様にわかりやすい看板とは

また、他社との差別化のひとつである「地域密着であること」を、効果的にお客様に伝えるために「社名」をそのまま「屋号」に使うのではなく、社名とは別の屋号を設定しています。

「神戸」という地域名を「冠」に、「案内センター」という公的イメージを「締め」に配置した屋号を考え出しました。

カラーリングは、既存のライバル各社が未使用だった「赤」をベースカラーとして、神戸の海の色を「地域色」であると考え「青」をアクセントカラーとして採用しています。

色数はできるだけ少ないほうが、インパクトを与えますので、赤・青・白の3色におさえています。

●建物全体を看板と見る

看板は、視認性（お客様の目に入り、確認してもらえるかどうか）が命です。

限られたスペースの中で、大家さんと交渉を重ね、可能な限り看板のスペースを大きく取ることをおすすめします。

賃貸店舗などの場合、どうしても「前の入居者」が設置していた看板を「看板のスペース」として考えてしまいがちですが、建物全体を「看板」として活用する発想で、看板スペースをデザインしてゆきます。

業種を問わず、繁盛している店舗は「看板は、看板。建物は、建物。」と分離していません。

たとえば、古びた洋館風の建物でレンガの門柱、出窓、ウッドデッキ、ガス灯風ランプ、植樹、花庭のある写真館。看板らしいものは、ほとんど見当たりませんが、建物の存在自体がすでに「看板」の役割を担っているのです。

建物が「看板」の役割を果たしていない場合、大小の看板で「建物の看板化」を図ります。

建物自体が看板の役割を果たすように設計

完成した「看板で集客する」店舗の全景

04 情報量の多さと鮮度の高さを看板で表現する

●訴求性のある具体的な数字

お客様は、自分のほしい「よい品が、安く、たくさん品揃えされていて、親切に相談にのってくれる」お店で買いたいものです。

これは、普遍の原則と言っても過言ではありません。

「紹介可能な物件の情報量が多い」＝「たくさんの品揃え」ということがお客様に伝わる看板を、どのように表現するかは重要なポイントです。

まず、メイン看板に「１００、０００件の物件情報」というフレーズを入れます。「15分間クイック検索」と並び、お客様のメリットとなる「具体的数字」を看板に入れると、集客効果が高まります。

「たくさんの」「早く」という感覚的な表現よりも「１００、０００件の」「15分間」という具体的な数字のほうが、お客様に訴えるのです。

●品揃えと鮮度を看板で表現する

次に、外壁には他社を調査した上で、地域で最も数多く、「物件情報」を貼り付けることにしました。いわば「物件情報看板」です。スペースには限りがありますので、①外壁が見えないほどに貼る、②１枚のサイズを大きくしたり、小さくしたりして効率的に配置する、③カテゴリー別に分類を分けて、各カテゴリーが「地域で一番の品揃え」になるようにするなどの策を講じます。

掲示する物件情報の「鮮度」にもこだわります。

「外に出ている物件情報は、客寄せのためのオトリ広告で、実際はもう売れてしまっている部屋ばかりだ！」という、賃貸不動産業界に対してありがちなお客様の不信感を取り除くためにも、また「誠実」というお店のコンセプトをあらわすためにも、物件情報看板は、新着情報が入るたびに掲示することを基本とし、売れてしまった情報は、できるだけ早めに撤去することにしています。

ですから、ほぼ毎日、外壁の「物件情報看板」は、少しずつ入れ替わっているのです。

このようにして「あの店には、最新の情報が、どの店よりも数多く集まっている」というイメージを定着させているのです。

ライバル店調査に基づいた「物件情報」看板の品揃えを決定

カテゴリー別・物件情報看板掲示数 （単位：枚）

店名／分類	ライバル店A	ライバル店B	ライバル店C	自社
新築	9	11	7	6 大きなサイズの看板で対応
シングル	9	16	8	18 ○○大学／社会人向けなど細分化
ペット可	12	6	8	15
セパレート	6	13	-	-
敷金・礼金0	-	6	10	10
その他	8	6	10	18 女性向けセキュリティ／デザイナーズなど分類追加
合計	44	58	43	67

ライバル店を調査の上、地域NO.1カテゴリーを目指して品揃えをする

「物件情報」看板の例

SECTION

05 物件の価値ポイントをわかりやすく伝える

●自社オリジナルの「物件情報」

物件情報看板の内容は、「一つ一つの部屋の個性を最大限に引き出して表現する」ということを、重点テーマに置いて作成しています。

個性を引き出すために、一つ一つの部屋に「名前」をつけています。

通常は、「○○マンション」とか「2LDKの南向き」、などという「名前」がつけられていますが、ここでは「眼下に神社の緑が望める部屋」「昔ながらのザ・下宿生活！」「90年代トレンディドラマの部屋」「神田川の世界」等々オリジナルのユニークな「名前」をつけています。

さらに、ライバル他社は入荷してきた情報を、そのまま手を加えずに掲示するのが一般的ですが、このお店では入荷するたびに、自社のオリジナル・フォーマットに入力し直しています。これにより、お客様に見やすい中身となりますし、営業マンが自分の手でつくることにより「情報」が頭の中にインプットされ、接客時に、要望の物件を即座に紹介できるようにもなります。

可能な限り、現場に足を運び、FAXの情報だけではわからない、目で見て感じたことを、名前をはじめとした「価値ポイント」として表現しているのです。

●価値の高さがわかるように

モノが売れるか、売れないかは、「価格に対する価値」が高いか安いかで決まります。絶対的な価格だけで商売を判断していては、安売り競争へ巻き込まれてゆきます。

たとえば「400円と500円では、400円のほうが安い」という考え方ではなく、「500円のほうが安いこともある」という考え方を持つことが大切なのです。

賃貸不動産業界でも「安売り競争」が始まっています。一部大手は「手数料は家賃の半月分」にしています。このお店は価格で勝負せず、価値の高さで勝負しています。「私たちは手数料を1ヶ月分いただきます。しかし、部屋は住み始めてからのほうが長いもの。お客様にピッタリの後悔のない価値ある物件を責任を持って探します」――「物件情報看板」にこのような姿勢をあらわすのです。

価値を伝える看板づくりが「命」

商品の規格（サイズ、容量、原産地など）だけでなく、自分とお客様が使ってみた実感を「価値」として伝える

商品 ＝ 価値／価格 ……「価格に対する価値」が高ければ売れる。低ければ売れない

価値→／価格↘ ……**ディスカウント（値下げ）型**
価格を下げて売ろうとする手法

価値↗／価格→ ……**バリュー（価値）型**
価格を下げる前に、価値をわかりやすく伝える。価値あるものをつくる

SECTION

06 メッセージボードや植物・花は親近感をアップさせる

●「親近感」と「優しさ」を本能にアピール

植物や花も「看板」です。

植物や花を愛する心は、世の中の多くの人が持ち合わせているようです。それは、古今東西、変わらぬ原則であると言えます。

ですから、会社の前をきれいにガーデニングしていると「親近感」「優しさ」を、お客様に訴えかけることができます。

「親近感」「優しさ」は、売り手が言葉にしてPRすればするほど、怪しく、胡散臭く感じられるものです。考えてみてください。自分で自分のことを「親しみやすい」「優しい」とPRしている「本当に優しい人」に、みなさんは会ったことがありますか？

それらを表現するのに最適な手段のひとつが、植物や花の「看板化」です。

ただし、これらを枯らしてしまったり、手入れをしていなかったりすると、たちまち逆効果となりますので、やるからには、完璧さが求められます。

花や植物を大切に育てている会社である＝プラス100点、とすれば、花や植物を枯らせている会社である＝マイナス100点となります。それならば、花も植物も飾っていない会社である＝0点のほうが、よほどましなのです。

育てやすい植物を選んで置いたり、観葉植物が外からも見える位置に置くのもよいでしょう。

●店頭を情報の場に

また、イーゼルなどを活用して、店頭にメッセージボードをつくり、そのなかに毎日、お客様への情報提供を行うことにも、同様の効果があります。

メッセージの内容としては、季節の変化についてのコメントや、天気予報、社会全般のニュースや出来事について感じることや、社内での出来事、たまには、新商品や特売品の紹介を行うようにしています。

グリーン＆フラワーまでも「看板」であると、経営者・家族・スタッフが全員でとらえることができれば、繁盛店への道が拓けます。

「親近感」「優しさ」を表現する看板

店頭の樹木や草花を大切にしている。手づくりのテイストのあるお店からは、「親近感」「優しさ」を感じることができる

植物や花も看板である。プランターの素材も自社の目指すテイストと一致させる

SECTION

07 優良物件を「感じさせる」右脳看板

●直感に訴える看板にする

前述した「優しさ」と同じく、「品質のよさ」や「おいしさ」などの数値化できない特長も、言葉にすればするほど、怪しく、陳腐に聞こえるものです。

ところで、人間の脳には「左脳」と「右脳」があります。左脳は、言葉や数字を論理的にじっくり思考し、記憶・計算する意識脳（顕在意識脳）。

右脳は、本能から発達した脳で見たまま聞いたまま、感じたままにイメージする脳。五感・直感で瞬間的に情報を取り込む無意識脳（潜在意識脳）です。

つまり、数字や言葉による広告表現は、実は、左脳に訴えかけていたということになります。ですから、「品質」や「おいしさ」など数値化・言語化しにくい「感じさせる」広告表現は、右脳に訴えかける必要があるのです。

右脳に訴えかけるために効果的な方法、それは「イラスト」や「写真」を看板化することです。

「優良物件がたくさん入荷している」「オシャレな部屋の品揃えが充実している」ということをPRするために、雰囲気のよいマンションや、新築の部屋、一人暮らしをスタートさせたい若者や、新婚さんに人気の部屋の写真を、デザインポスター風にのぼりに使用しました。

右脳に訴えかける看板を掲示すると、その写真やイラストに表現された商品を求めるお客様が、自然と集まってくるようになります。

●目指すは「両脳看板」

かといって、「右脳看板」だけを出していては、何を訴えたいのかが、わかりにくくなりがちなため、集客力は著しく下がってしまいます。

まずは、自分の取り扱っている商品の「価値＝なぜ品質がよいのか。なぜおいしいのか」ということを「左脳的」に言葉や数字でびしっと整理し、それを統合させた「右脳的なビジュアル表現」を心がけなければ、ただの「自己満足・イメージ看板」になってしまいます。

具体的な言葉や数字の入った「左脳看板」を組み合わせた「両脳型看板」とする必要があるでしょう。

さらに詳しい解説は、6章4項と5項に。

品質のよさを表現する看板デザイン手法

写真を活用した看板（のぼり）は、右脳に訴えかけ、数値化・言語化しにくい「価値」をお客様に伝えてくれます

フラッグ（旗）に対して、人は看板以上の特別な意味を感じ取ります。このフラッグのデザインイメージが与える心理的な影響も大きいのです

SECTION

08 親近感アップが、成約率アップにつながるネーミング看板

●名前を呼びかける看板をつくろう

人は自分の「名前」を呼ばれると、うれしくなるものです。

世の中で唯一無二、長年に渡って慣れ親しんだオンリーワンのキーワードであるからなのでしょう。

お店に入ったとき、ただ「いらっしゃいませ」と声をかけられるよりも、「○○さん、いらっしゃいませ」と声をかけられたほうが、うれしいものです。

私のご支援先のクリーニング店では「1回の接客で、ご来店いただいたお客様のお名前を3回以上呼ぶ」という戦術を徹底して実行したところ、減退顧客（1年以上利用のないお客様）の数が、20％以上減ったという結果が出ました。

賃貸専門店の場合、初回来店から正式な契約までに、何度かご来店していただく機会があります。そして「何日の何時に来店します」とアポイントをとってからの来店が大半を占めています。

そこで、このお店では、約束の時間前に、お客様の名前を書いたカードを卓上に置いて、「○○さん、こんにちは」というあいさつとともに、お客様をお迎えしています。このような迎え方をされるとは、予想していなかったお客様に驚きと感動を与え、親近感が一気に増し、ひいては成約率のアップにつながるのです。

●プレート・POPでコミュニケーション

また、お客様を初めて店内で接客するとき、営業スタッフは自分の顔入りのかわいいプレートをカウンターに置いて、自己紹介をします。ユニークなファーストコンタクトの方法に、売り手と買い手との心理的な距離が縮まります。

お客様に出すお飲み物にもこだわりがあります。

様々な客層に合わせた、色々な飲み物の中から、好きなものを選べる「ドリンクメニュー」POPを使用しています。「えっ！　どれを選んでもいいの?」「喫茶店みたい！」などと喜んでいただける上に、会話のきっかけとなり、スムーズにコミュニケーションがとれるようになるのです。

スタッフの顔写真入り人形を有効に使って親近感をアップ！

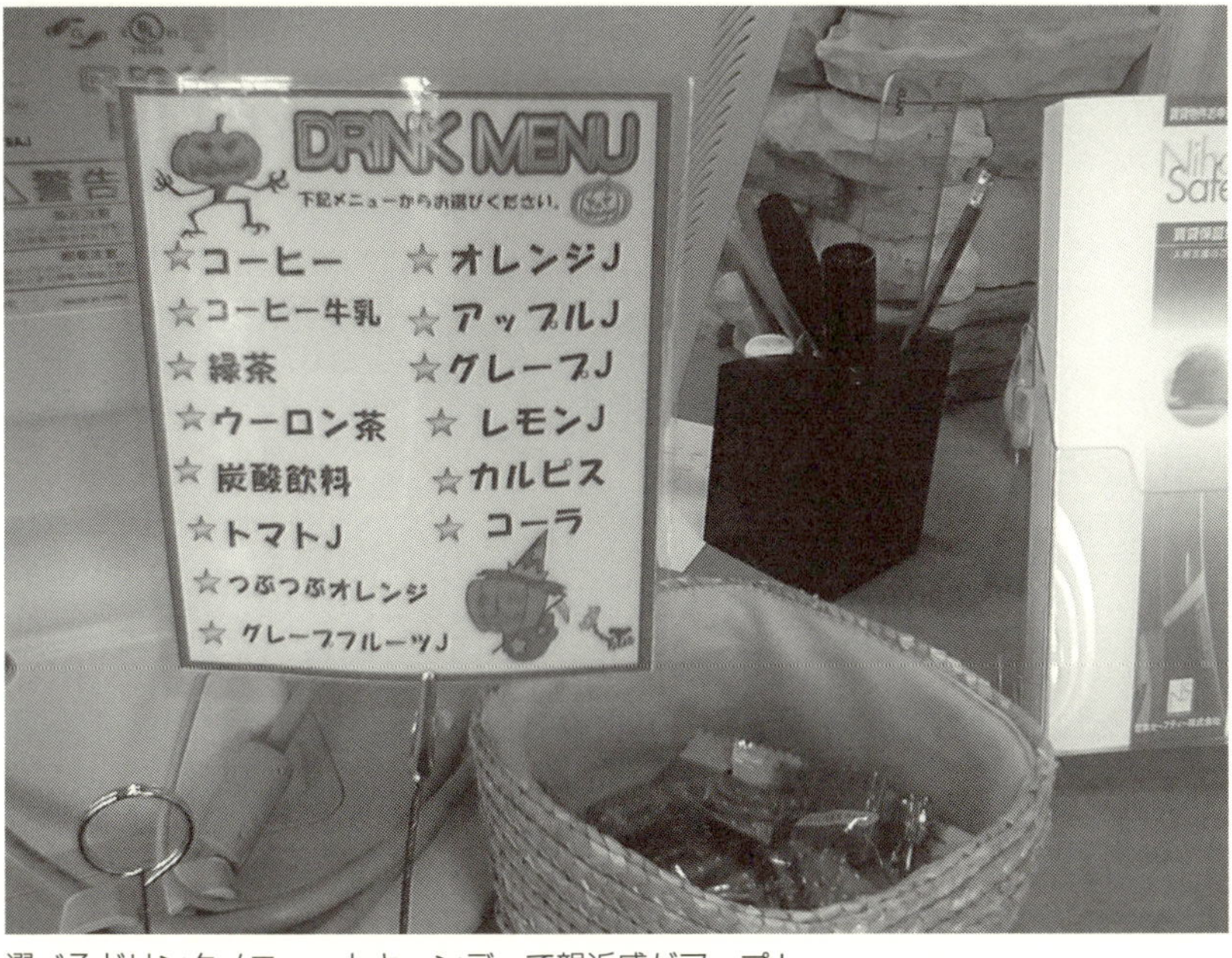

選べるドリンクメニューとキャンディで親近感がアップ！

SECTION

09 月替りの店頭キャンペーンで集客倍増

●季節ごとの店頭づくりでお得感をアップ

一般的な賃貸専門店の「店頭」には、それほど変化がありません。張り出されている個別の「物件情報」は、更新されているかもしれませんが、目に見えて明らかな変化をご覧になられたことは少ないのではないでしょうか。

しかし、この店舗では、季節ごと・月ごとに、お客様の目から見た外観で、明らかに認識できるように店頭でキャンペーンを告知・開催し、集客に成功しています。「季節感がある賃貸専門店」「見るたび外観に変化のある賃貸専門店」など、業界常識からすれば、異常かもしれません。しかし、他業種に目を向ければ、このような取り組みは当たり前に行われています。食品スーパーでも、百貨店でも、ホームセンターでも、季節ごとに適切な商品をPRし、「このお店に来れば、何かお得なことがある」という印象を与えています。

2～3月は、受験生向けのシングルルームのPR。5月になると店頭に大きな鯉のぼりを掲げ、ファミリータイプのキャンペーンを実施。さらに夏には、夏らしいデコレーションと地元で名物のアイスキャンディーのプレゼント。秋には、感謝の気持ちを込めた「特選優良物件フェア」や「地元のおいしいものフェア」の開催。12月初旬ごろから、クリスマスの店頭デコレーションに加え、来店者へのクリスマスプレゼントを実施……など、店頭に変化をつけています。

●動きのある看板を置く

「看板」には、一度取り付ければ、半永久的にその場所で、PRし続けることができるという長所がある反面、一度つくった看板の中身を、変更することができないという弱点もあります。

この点を補完するために、比較的ローコストで、簡単に取り替えることができる「のぼり」「垂れ幕」「A型看板」などを活用したり、デコレーションするスペースを確保して、そこで常に季節感やキャンペーンを告知するなどの取り組みを行います。店頭に「動き」を出し続けるしかけをつくっておくのです。

看板の弱点を補う方法

窓全体に
クリスマスの
ペイントを

看板の弱点
＝
お客様に
見飽きられてしまうこと
↓
定期的に変化を出す
ことが不可欠

ファミリータイプ
の需要期
（5月・9月）には
大きな垂れ幕が
出現

いつ見ても「何かお得がある」「雰囲気が違う」という印象を与えないと看板はいつの間にか「街の風景の一部」になってしまう

SECTION

10 お客様を店内に引き込む壁面看板

●店外看板と店内をつなぐ壁面看板

お店に入ろうとして、入り口までは来た。でも、玄関や窓からお店の中を見たとたん、何となくお店の中に入りづらくて、帰ってしまった……そんな経験はありませんか?

これは、看板や建物を見て、お客様が頭の中につくったイメージと、店内のイメージに、ギャップがあるため起こる現象です。

店内のイメージを大きく決定づけるのが、入り口正面から見える「壁面」です。お店の前に立ったとき、視覚の中に、最も大きな面積で飛び込んでくるのが「壁面」であるからです。

「お店のイメージを決めるもの＝正面入り口から見える壁面」と言っても過言ではありません。

さて、この賃貸専門店では、他店との差別化ポイントのひとつに「お客様が自分で選べる自由閲覧システム」をあげ、店頭の看板にも大きく打ち出していますので、それを象徴する「壁面」をつくっています。

通常、営業マン主導で見る「物件情報ファイル」を、お客様側のスペースの壁面に専用の棚をつくり、いっぱいに配置しているのです。

これにより、店外の看板と店内の雰囲気を、イコールでつないでいます。

つまり「外に向かって言っていること」と「本当にやっていること」を一体化させているのです。

●壁面いっぱいを活用

壁面の棚を、間接照明で照らし、明るさを演出しています。

さらに、物件情報ファイルを、お客様の購入単位別（お客様が、物件を決めるときの選択肢の優先順位）に分類しました。つまり、居住人数：「ファミリータイプ」「シングルタイプ」、次に電車の沿線と最寄り駅：「○○沿線・××駅」「△△沿線・□□駅」、そして家賃が「安いもの」「平均的なもの」「高めのもの」と順番に並べたのです。

壁面いっぱいを活用して、ダイナミックに分類しています。

外から見た「店内」の雰囲気も重要な看板である

通常賃貸専門店では、カウンターの店員側に配置している「物件情報ファイル」を、お客さま側に自由に閲覧できるように配置。後ろから照明を当てているので、お客様側から見ても、よく目立ちます

ランキング看板。人気順に看板を並べることで、お客様に「選択の基準」を与えることができ、商談が進みやすくなります。写真を額に入れて、希少性を演出

SECTION

11 店の前を1日3回掃除する「看板男」たち

●自分の長所を知り、大切にする

ごついスーツ姿の男たちが、朝・昼・夜の1日3回、お店の前の花に水をやり、ガラスを磨き、道路のゴミを掃除する……この賃貸不動産専門店の前で、毎日見ることのできる風景です。

実は、この男たちは、この店舗で働く営業マンです。知名度なし、実績なし、情報誌なし、テレビCMなし、ネット集客なし……「看板」「店頭前」からの集客を主体としているお店が「看板」「店頭前」を大切にせずに、何を大切にするのか？　ということです。

不動産店舗にかかわらず、どんな業界のどんなお店でも共通しているのは、自社のハード面の「よいところ」を働くスタッフが理解せず、そこを磨きこむ努力をしていない店舗は、衰退してゆく……という事実です。

「よいところ」「売れ筋」に甘えきって商売をしている、または、足元にある基本的な「よいところ」や「ハード面」を深めようとせず、それ以外に目線を向けて、売上を追求しようとしている……とも言い換えることができます。

●「人」が「看板」

自社の「よいところ」や、お客様に支持されている点を、スタッフ全員が認識し、そこを大切に高めてゆこうとしている会社は、長く繁栄を続けることができます。

そして、このようなスタッフを、私は「看板男」「看板娘」と呼んでいます。

「一番お金のかかる看板は、何ですか？」

この質問に、私は即座に答えます。「人」です。

経営者が毎年一人につき400万円以上のお金を払い続けている「看板」なのです。

もちろん、通行客が、その姿を見て、お店に対して好感を持ってくれるという直接的な効果も期待できます。

しかし、それ以上に大きいものは、働いている人それぞれが「人までも看板である」と認識して「看板マーケティング」に取り組んでゆくこと。経営者以下、店舗スタッフ全員の頭の中と、行動にその認識を植えつけることにあるのです。

最もお金のかかる看板は「人」である

店頭を
大切にする姿勢は
お客様に好感を
持ってもらえる。
同時に働くスタッフも
自分が「看板」だと
意識できる

SECTION

2章

看板で売れるサイクルをつくり出す極意

SECTION

01 売れるサイクルをつくり出そう

●売上アップのための方程式

この章では、看板で売上を上げるための「原理原則」についてご説明いたします。

「売上を上げる」ということ――これを「一元的」にとらえて、売上アップのために何をするのか？　ということを、アイデアのレベルや、モノマネのレベルで、取り組んでいては、袋小路に入り込んでしまいます。

売上アップのために行うべきことを「公式」「方程式」として細分化して、原理原則に基づいた打ち手を考え、実践してこそ、売上を上げ続けることができるのです。

あらゆる業種に共通の商売の原則は、①まず「新規顧客」に来店していただき、②そして、また来てみようていただき「リピート顧客」となっていただき、③気に入っ……と「客単価」を上げる、この三段階です。

つまり、「新規顧客数アップ」→「リピート顧客数アップ」→「客単価アップ」の売れるサイクルをつくり出すことにあります。

●目的によって販促手段を使い分ける

一つ一つの売上アップのための行動や、販促手段が、この3つの中のどの目的を達成させるために、実行しているのか？　ということを、正しく認識して行動すべきなのです。

たとえば、新聞への折込みチラシ。

これは、「新規顧客数アップ」「リピート顧客数アップ」「客単価アップ」の3つの目的のうち、どの目的を達成するために、行うものでしょうか？

答えは「新規顧客数アップ」です。

とすれば、チラシの内容は、新規顧客が好んで買ってくれている商品を中心に掲載すること、普段お店にご来店いただいている既存顧客なら「当たり前」と感じているような、お店のサービス案内を丁寧に掲載することなどが、必要となります。

チラシの効果を測定するときには、どのくらいの売上が上がったか？　ということよりも、どのくらいの新規顧客にご来店いただくことができたのか？　ということに重点を置くべきなのです。

新規顧客→リピート顧客→客単価アップの流れ

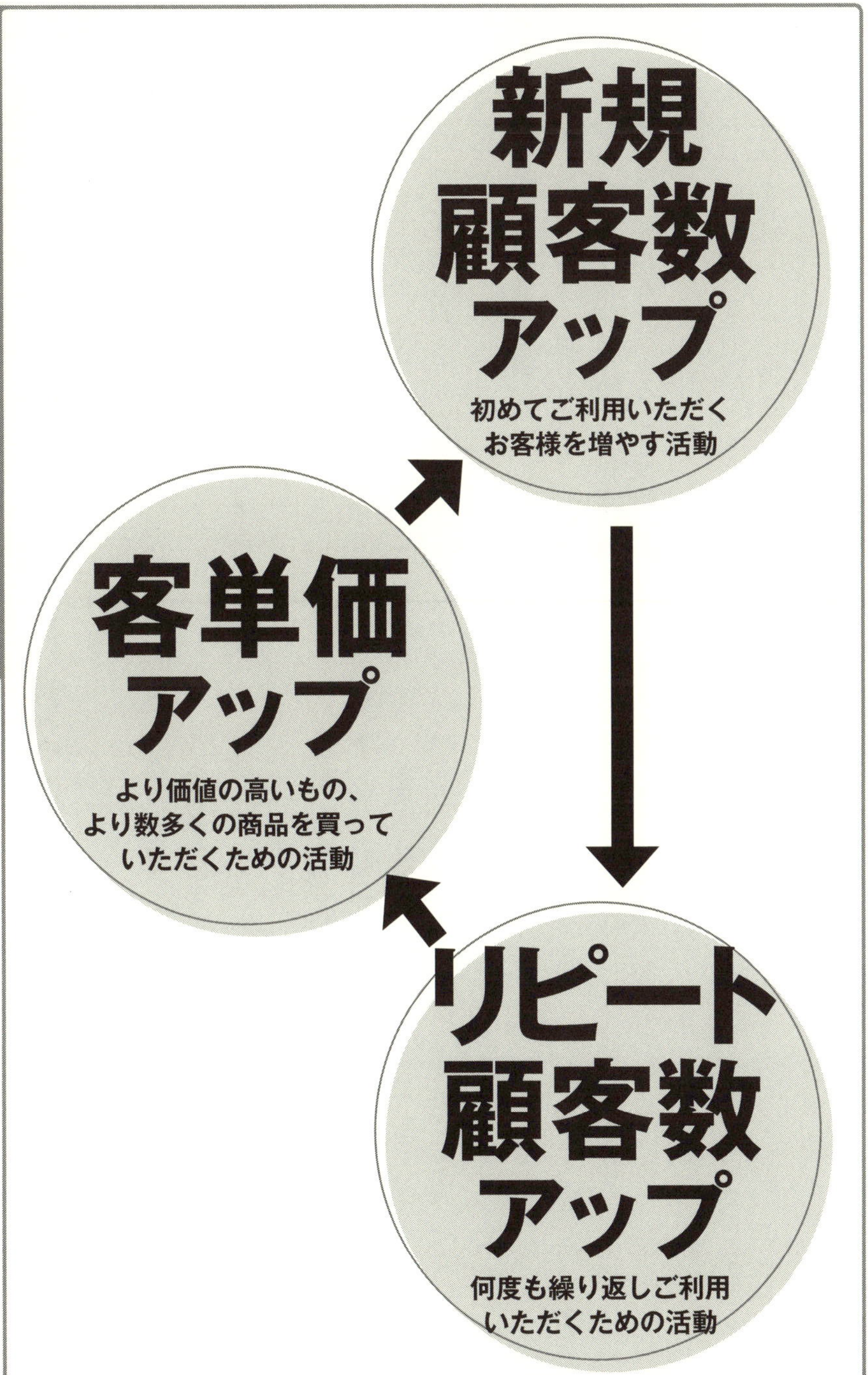

SECTION

02 看板で売れるサイクルをつくり出そうⅠ

長く売れ続けるお店の看板は、ひとつのお店の中で、

①新規顧客を引き寄せるための看板

②新規顧客がリピート顧客になってくれるための看板

③客単価を上げるための看板

この3種類の看板を、上手に組み合わせています。

「看板」と言えば、どうしても①「新規顧客向け看板」だけに目が行きがちなのですが、経営トータルの「売り続けること」を考えた看板づくりこそ、看板マーケティングの真髄なのです。

●①新規顧客を引き寄せる看板

主にお店の外装に看板を取り付けることで行います。目立つことも大切ですが、何屋であるかその存在を知らしめ、一目瞭然で通行客にわかることが最重点のテーマです。

具体的には、通行客（歩行者のお客様、車に乗ったお客様）の目線から見て、目に飛び込んでくる位置に看板が出ているか？　進行方向に対して直角に配置されているか？

初めて自店をご利用いただくお客様が、よく買ってくれる商品やサービスを明確に表示しているか？　店内の活気や様子が、外を通るだけでイメージできるか？　このようなポイントがあります（「新規顧客が増える看板」の詳しい事例と解説は4章へ）。

●②新規顧客がリピート顧客になってくれるための看板

一度、ご来店されたお客様に「また来てみよう」と思わせるしかけを看板でつくり出します。「このお店に来れば、いつも何かお得がある」ということを匂わせることが重点テーマです。

具体的には、業種ごとにお客様の来店頻度にあわせたキャンペーン・イベント企画・季節商品を告知しているか？　お店のポリシーや考え方が伝わり、商品と共にお客様がそれに共鳴するような工夫がなされているか？　商品そのものの魅力を伝えることができているか？　このようなポイントに気をつけて、看板をつくります（「リピート顧客が増える看板」の詳しい事例と解説は6章へ）。

売れる看板サイクル例　その1

ビジネスホテルの場合

SECTION

03 看板で売れるサイクルをつくり出そうⅡ

さて、この「撥水加工」は、前述①〜③のどのサイクルの看板に当てはまるものでしょうか？

そうです。③「客単価を上げるための看板」という要素が強いものです。

これは、果たして店頭に出すべき内容でしょうか？

その答えは「ＮＯ」です。

店頭には、①「新規顧客を引き込むための看板」を、重点的に配置すべきなのです。

「撥水加工」のように、一般的ではない、追加料金が必要な商品のＰＲ看板は、店頭ではなく店内。つまり、お店に入ってこられたお客様、すでに注文をいただいたお客様に「撥水加工はいかがですか？」と展開すべき内容なのです。

このように、現在、出している看板が「新規顧客」「リピート顧客」「客単価」のどれをアップさせるために存在しているのかを見直し、この「売れるサイクル」に沿うように看板の中身を決め、適切な場所に配置することが売れ続ける看板マーケティングのコツなのです。

●③客単価を上げるための看板

客単価を上げるための一番のポイントは「商品力の演出」にあります。その店の取扱商品がいかに価値の高いものであるかを伝えます。

関連商品（まとめて買えばお得な商品）や提案商品（使い方の提案）、一番商品（最も売れている商品）や売り筋商品（店としておすすめしたい商品）などのＰＲを看板で行っているか？　商品の価値の高さ（どんな製法でつくられていて、いつ、誰に、どのように使ってほしいのか）を効果的に演出できているか？（「客単価が上がる看板」の詳しい事例と解説は5章へ）

以上をもう一度確認してみましょう。

●看板の配置を見直しましょう

あるクリーニング店の店頭看板を考えてみましょう。「撥水加工」という仕上げを大々的にＰＲしているお店があります。

通常のクリーニング料金にプラスアルファの料金で、水をはじく加工をするサービスです。

売れる看板サイクル例　その2

ケーキショップの場合

SECTION

04 商品を売ることを基軸とした看板づくり

お金を払うもの、それは…

「お客様は、みなさんのお店の何に対してお金を払ってくれていますか？」

さわやかな笑顔？　雰囲気のよい空間？　こだわってつくったチラシ？　目立つ看板？　築き上げてきたブランドイメージ？

いずれの答えも、間違いではありませんが、本質的な答えではありません。

お客様がお金を払ってくれているもの、それは「商品」に対してです。

１００円の商品をひとつ、５００円の商品をひとつ……と、お客様に、商品を一つ一つ買っていただくことが積み重なって、売上となります。

当たり前のことですが、お客様は「看板」にお金を払うわけではありません。「チラシ」にお金を払うわけでもありません。「接客」にお金を払うわけでもありません。これらがよければ、商品を手に入れなくてもよい……というお客様は皆無に等しいでしょう。それらはあくまで「商品」に付随するものなのです。

商品をアピールしなくては売上につながらない

１章で「看板に、自分の内面が出ていなければ、売上アップは果たせない」「単なるカネ儲け看板をつくっても、短期的なものに終わってしまう」と書きました。

「自分の内面」の中でも、特に「どんな商品を売っているのか？」「他社で買うのでなく自店で買う理由は何か」ということを看板に表現してゆくこと。それがお客様を集め続けることのできる看板の絶対条件です。

自店が売っている商品の特長を、看板に活かしているお店は、永続的に成長してゆくことができます。商品・特長にふさわしいデザイン、大きさ、素材、カラーリング、配置の看板となっているかどうか？　という視点が大切なのです。

看板は「集客」「売上アップ」のために活用するのですが、自分の「商品」を軸として、売れるサイクル（新規→リピート→客単価）を意識した看板こそ、流行や情報に流されず、売上を上げることができるのです。

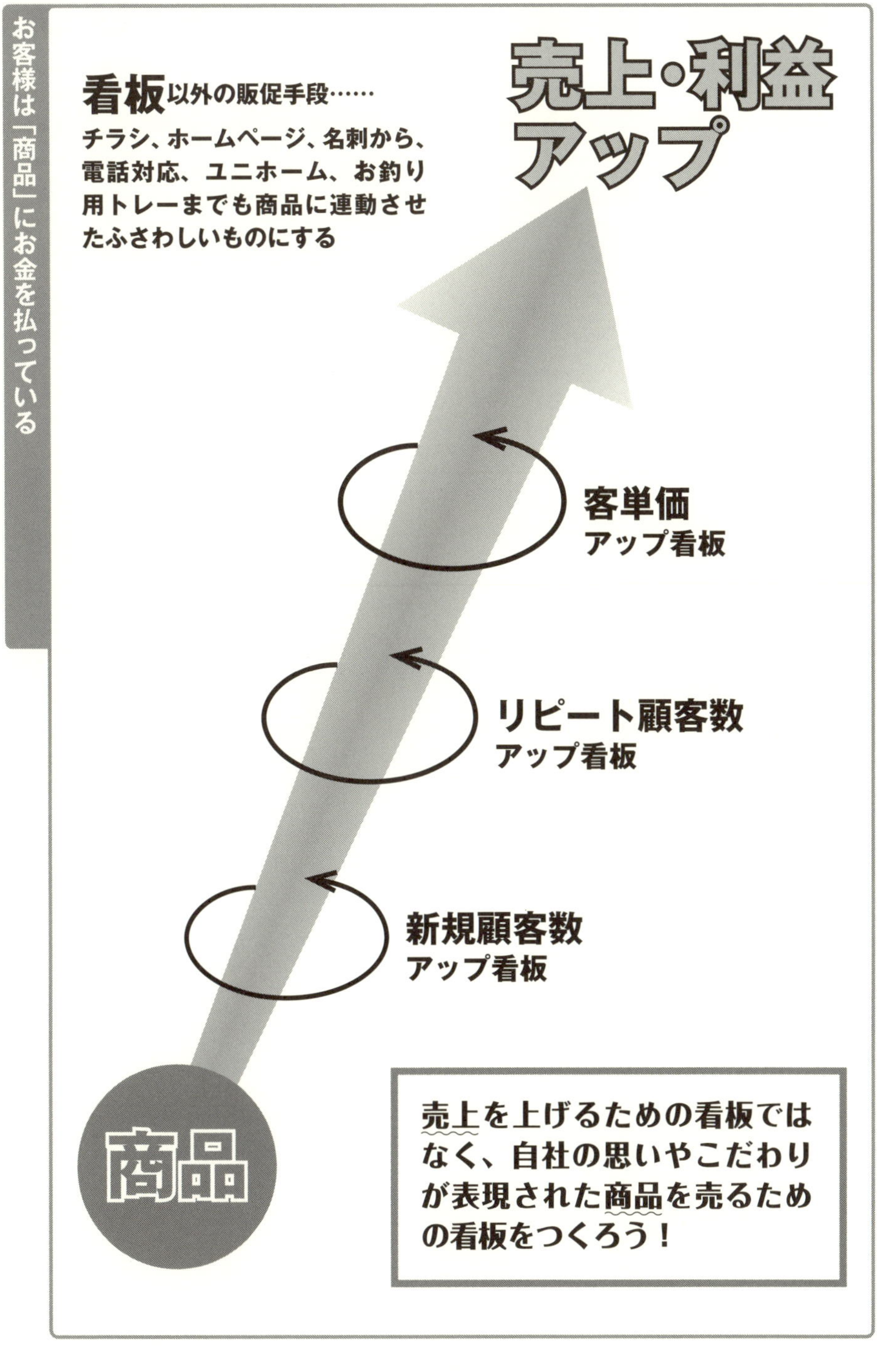
お客様は「商品」にお金を払っている
看板以外の販促手段……
チラシ、ホームページ、名刺から、電話対応、ユニホーム、お釣り用トレーまでも商品に連動させたふさわしいものにする
売上・利益アップ
客単価
アップ看板
リピート顧客数
アップ看板
新規顧客数
アップ看板
商品
売上を上げるための看板ではなく、自社の思いやこだわりが表現された商品を売るための看板をつくろう！

SECTION

05 なぜ? あなたのお店で買わなければならないのですか?

●他店との差別化を明確に

お客様から、面と向かってこのような質問をされたら、どのように答えますか?

「なぜこのお店で買わなければいけないのですか?」

ドキッとする質問ですよね。

しかし、業種・業態を問わず、繁盛している会社やお店は、この質問に対して、短い言葉で即答することができるのです。

つまり、他のお店とは違う「自分が何者であるのか」「自分がどんな商品を売っているのか」ということが明確になっているのです。看板をつくる前に、まずここをしっかりとまとめておかなければなりません。

商売人にとって、差別化こそ善であり、均質化は悪なのです。

ちなみに、均質化している(同業他社とたいして変わりがない)会社やお店は、市場規模の減少スピードと同じか、それ以上のペースで、売上を落とす結果となります。

たとえば差別化しているお店とは、

・いわしを中心とした青魚だけを素材とした料理を、50種類以上メニューに載せている料理店

・オーダーカーテンが、800種類どれでも1万円均一で買えるカーテンショップ

・歯科医院のための薬袋・診察券・伝票などの販促ツールを規格品化し、通販方式で販売している印刷会社

・地域の中で、最もチラシ・看板・施工現場をよく目にする工務店

・牧場直営の和牛専門店

・枕の品揃えが100種類以上の寝具ショップ

みなさんの周りの繁盛店を思い出してみてください。いかがでしょうか。繁盛店には、必ずこの質問への「答え」があるはずです。

このようなセールスポイントや、他社との差別化ポイントを見つけ出して、自社のオリジナルな部分それを看板に表現してゆくことが、「商品」を基軸とした「看板マーケティング」なのです。

売れているお店は商品の特長が明確

SECTION

06 誰でも「自店の商品のよさ」を見つける方法 Ⅰ

●差別化ポイントを見つけてみよう

人間誰でも「相手のこと」は明確に見えても、「自分のこと」はよくわからない（あるいは考えたこともない）ものです。

そこで「自店の商品のよさ」を発見する方法を、ケーススタディでご紹介します。

私と写真館経営者の方との会話です。

中西「お客様から、『なぜ、あなたのスタジオで写真を撮らなければならないのですか？』と質問されたら、どう答えますか」

社長「うーん、難しいねえ。……近いからかなあ」

中西「そうですか。でも、近くに住んでいるお客様全員が顧客ではないですし、他の写真館の前を通り越しても、撮影をご依頼くださっているお客様もいらっしゃいますよね」

社長「そう言われてみればそうかも……」

中西「なぜ、わざわざ、貴店を選んで撮りに来てくれるのですか？」

社長「この地域では、うちはそこそこ古くからやっているほうで口コミも多いし、スタジオもキレイにしているし、写真の品質もいいんだと思うよ」

中西「あえて、ひとつあげるとしたら？」

社長「やっぱり、品質かな」

中西「それでは、どんな風に、品質がよいのですか？」

社長「うーん、どんな品質と言われてもねえ。写真を見てもらえば、わかるんだけど……」

中西「では、質問の視点を変えてみましょう。地域で一番知名度の高いライバル写真館さんと、決定的に違うことはないのですか？」

社長「うーん。相手は安い、うちは高いことですね（笑）」

中西「なぜ、高いのですか？」

社長「相手は、パートさんが撮影しているけれど、うちは経験のある正社員が丁寧に撮影しているからね」

中西「それ！　それは差別化になるかもしれませんよ。正社員が撮影することで、品質がよくなる最大の理由は、何ですか？」

自店のよさを見つけ出す8つのクエスチョン

前提条件
「よいところ」「価値」がない……というお店は存在しない。
どんなお店にも、お客様がお金を出してくれる「価値」がある。なぜならば売上がゼロというお店はないからです。売上があるということは、お客様がそのお店の「何か」を支持しているということの証明。それを明らかにする作業です。

Q1 お客様から面と向かって「なぜ、他店ではなく、あなたのお店で買わなければならないのか？」と質問されたらどう答えますか？

アドバイス **この段階では「品質がよい」「親切」など抽象的な表現でもかまいません。**

➡

Q2 その理由や原因は何ですか？　さらにその理由は？　さらにその原因は？

アドバイス **「なぜそうなるのか？」を３回以上繰り返す。出てきた理由はすべて書き留めておきます。**

➡

Q3 Ｑ２の答えの裏づけとなる具体的な根拠、事実はありますか？

アドバイス **ここで形容詞的な表現から、数字や事実としてPRできるものを並べておきます。**

➡

Q4 お客様が感じるメリットを具体的な言葉としてあらわすとどのようになりますか？商品、サービスを使ってみての感想は？

アドバイス **実際にご利用いただいたお客様が言った感想で、「他のお客様にも聞いてほしい言葉」を集めます。**

➡

Q5 ライバル店から流れてくるお客様が､他店を利用せず自店を選んでくれた理由は?実際に言われたことは？

アドバイス **他店には満足できず、自店では満足できる部分があることの証明です。**

➡

Q6 最もよく売れている商品、カテゴリーは何か?　最近、売れ行きが伸びてきている商品、カテゴリーは何か？

アドバイス **自店の中で主力となる商品、名物となる商品を売上ベース、個数ベースで明らかにしてください。**

➡

Q7 メインとなるお客様はどんなお客様か？　最近増えてきているお客様はどんなお客様か？

アドバイス **年齢、性別、趣味、年収、生活スタイル、服装などを具体的に表現します。**

➡

Q8 自店の弱点は何か?　それを逆手にとれば､よい点に言い換えることはできないか?

アドバイス **弱点は長所の裏返しであることが多いのです。逆に言えば、どうなりますか？**

➡

SECTION
07 誰でも「自店の商品のよさ」を見つける方法 II

社長「パートさんが撮影する場合は、マニュアル通りのポーズやライティングで、どんどん量産してゆくのですが、うちの正社員は、常に最新の技術を学んでいますので、そのお客様の一人一人の特長を見極めたうえで、撮影してゆきます」

中西「どんな技術を勉強しているのですか？　写真の見た目でわかるくらいなんですよね？」

社長「ええ、そうです。正面を向いて、パチリというお決まりの子供写真ではなく、ファッション雑誌のモデルを撮るような感覚の技術ですね」

中西「なるほど、それはわかりやすいですね。他に、大手写真館と比べて、これは弱点だと感じていることはありませんか？」

社長「相手は、スタジオが大きくて3面もある、衣装がたくさんある。うちは、スタジオが小さくて、衣装も少ない……（笑）」

中西「それほどたくさんの弱点があるにもかかわらず、以前は大手写真館の顧客だったけれども、貴店へ乗り換えてくれるお客様も、いらっしゃいますよね。そのお客様は、衣装のことや、スタジオのことを何と言ってますか？」

社長「相手は、衣装の数が多くても、結構古いものや手入れの悪いものもあるそうなんです。スタジオについては、何組ものお客様が同時に撮影をしていて、慌しい雰囲気だったということに不満のあるお客様がうちにいらっしゃいますね」

中西「よい写真を撮るためには、十分なセンスと質のよい衣装は揃っているし、ゆったりと撮影したいお客様には、ぴったりなスタジオ……とも言うことができますね。これらによって、どんなメリットをお客様に提供できるのかというポイントを整理してゆきましょう」

この写真館のセールスポイントはこう決まりました。『お決まりの子供写真にサヨナラ！　ファッション雑誌のモデル風撮影を取り入れた「きっちり・かっこいい」写真を撮る1撮影1組様限定の写真スタジオ』

8つのクエスチョンにより完成した結婚式場の広告

8つのクエスチョンを経て、このように価値をとらえた広告表現が、完成していきます。

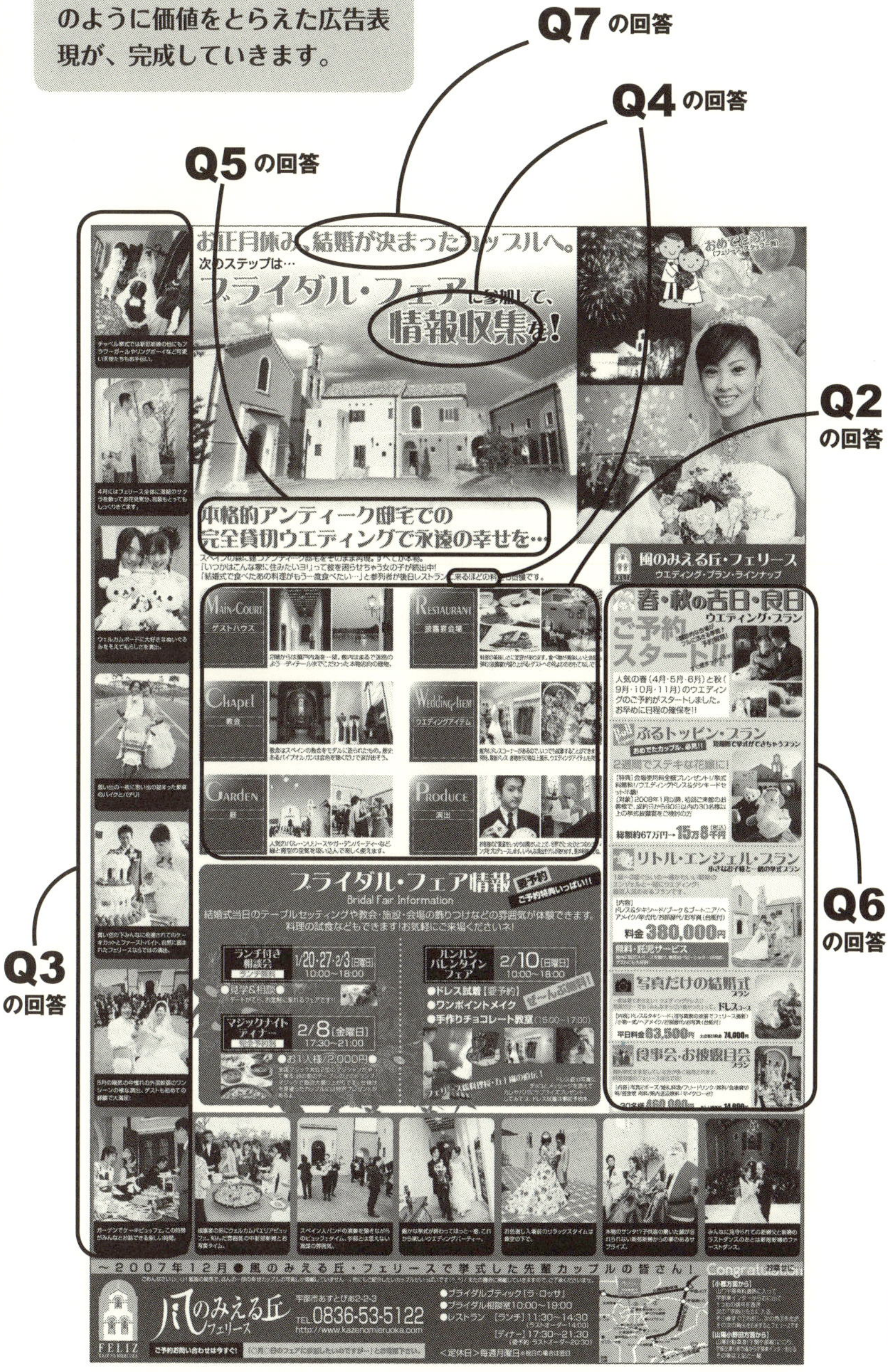

SECTION

08 実例紹介 ローコスト・リニューアルに成功した写真スタジオ I

●コンセプトから看板づくり

『お決まりの子供写真にサヨナラ！　ファッション雑誌のモデル風撮影を取り入れた「きっちり・かっこいい」写真を撮る1撮影1組様限定の写真スタジオ』

という前述の商品コンセプトが設定された、写真スタジオ。

立地条件は、東京下町の駅から歩いて3分くらいの場所。歩行者と自転車客が多いエリアで、メインの通りから1本中に入る道にあるマンションの1階テナント部分です。

斜め前には、大手銀行の支店があるため、お客様の目にとまるチャンスは多い、という環境。

売上アップのため、このコンセプトに合うような看板のリニューアルを行ってゆきました。

それぞれの看板をどうリニューアルしていくかを見ていきましょう。

●①メイン看板のリニューアル

正面入り口上の看板は「店の顔」と言えます。人間の「顔」と同様、最もお客様の印象に残りやすい看板なので、店のコンセプトである「ファッション雑誌のモデル風撮影」を象徴するベストショットの写真を看板に掲示しています。

デザインについては「きっちり感」を出すことを意識し、写真をすべて同じ大きさ・等間隔に配置しています。また、フォント（字体）についても、いくつかの候補の中から、この商品のコンセプトに合うものを選んでいます。

看板の大きさは、集客のための大切な要素です。できれば、店頭看板の縦の長さは、店舗出入り口の地面から看板の下まで以上の長さはほしいものです。こうすることによって、店舗を大きく見せる効果が得られるのです。

大家さんとの交渉の結果、この条件に近い大きさの看板をつくることに成功しました。

カラーリングは、建物自体の素材である「レンガ」の雰囲気のよさを活かす色合いを選択しました。

自社の商品コンセプトを大きく看板に表現する

BEFORE

・入り口上看板の変更
・店頭スタンド看板の新設
・ガラス面ギャラリーコーナーの変更
・店内のリニューアル

AFTER

夜間はオレンジ系のスポットライトで雰囲気を出す

SECTION

09 実例紹介 ローコスト・リニューアルに成功した写真スタジオⅡ

②証明写真の看板で客数アップ

自社の品揃えの中で、「最も購買頻度が高い商品」のことを「集客商品」と呼びます。売上分析をすると、販売個数もしくは販売件数が最も多い商品です。

全業種共通で「低単価」であることが多いため、積極的に売ることを嫌がる方も多いのですが、お客様からすれば最も買いやすい商品でもあるため、この「集客商品」を店頭の目立つところでPRすれば客数が一気に上がります。

ボックス証明写真との品質の違いが、一目瞭然でわかるインパクトある「比較写真」を看板に採用し、価格と価値ポイントを明示しています。

③店内のインテリアで客単価アップ

店内のインテリアには、これまでのプラスチック製の整理棚などを取りやめ、手づくりを基本とした木製の焼き板風のインテリアに変更しました。白い色合いの蛍光灯に加えて、オレンジ色の光を発する白熱灯のスポットライトを増設しました。

これも、単なるイメージや好みから出てくるものではなく「お決まりの子供写真を卒業……」というコンセプトから出てきています。

つまり、どこでも目にする「市販のプラスチック製整理棚」「白い光の蛍光灯」は「大手写真館のお決まりの子供写真」とイコールでとらえられる可能性が高いので、ひと味違う写真を提供している写真館にふさわしい、ひと味違う雰囲気をお金をかけずにつくりだす工夫をしているのです。

④季節変わりのギャラリー・スペース

看板の弱点のひとつは「一度つくると固定化してしまい、そのまま風景として溶け込んでしまう」という点にあります。常にお客様に注目されるためには「可動スペース」をつくることがおすすめです。写真スタジオではギャラリーを設けると商品をアピールする場所になります。

季節のイベントごとに、対応する写真やお得な情報を、2～3ヶ月ごとにスペースをいっぱいに使って変更し、表現しています。

照明やインテリアも商品と連動した看板

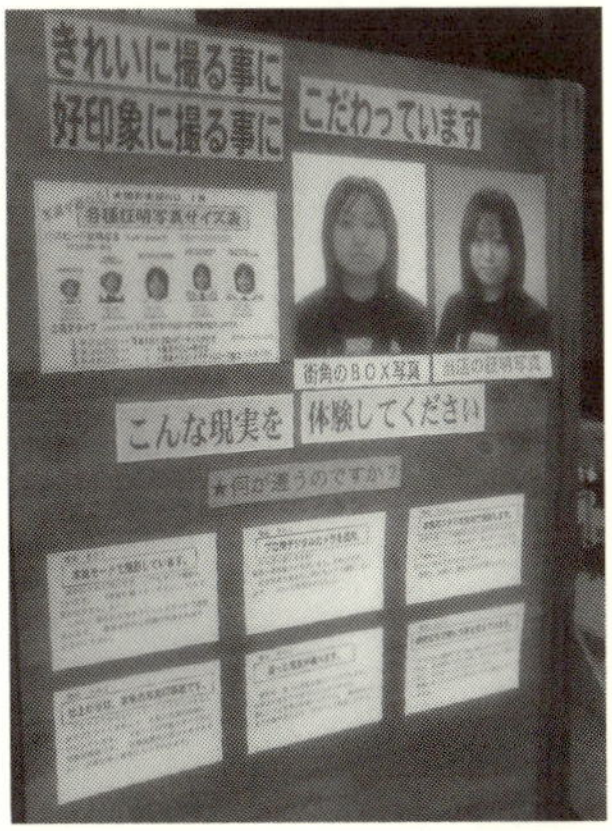

すべてを商品と連動したコンセプトに変更してゆく

BEFORE	AFTER

・カウンターに焼き板を貼りつけ

・不要物の撤去
・木造パネル造作

SECTION 10

実例紹介 看板でピンチをチャンスに変えたクリーニング店 I

●ピンチのクリーニング店の新たなる発展

とあるクリーニングチェーン店に、チェーン全体の売上の約4分の1を稼ぎ出していたスーパーの中のテナント店舗がありました。

しかし、ある日突然、スーパー自体が閉店することが決定し、今後、その跡地では他のスーパーも営業しないことに……。このままでは、売上の4分の1が吹っ飛んでしまうという大ピンチに陥ってしまいました。

急きょ、代替の店舗をオープンすることになりましたが、元のスーパーの近くには、なかなかよい物件が見つからず、結局、約1km先（線路によっても商圏が分断されており、車で5分くらい）の場所に、新規出店が決まりました。

ちなみに、商品コンセプトは「地域で一番のハイクオリティでフェアプライスなクリーニングを工場直営の店舗を中心に、笑顔とともにお届けする」というものです。

●①建物自体の看板化

繁盛しているお店の看板の特長は「建物自体が看板の役割を果たしている」ということです。つまり、建物は建物、看板は看板と分けて考えていないのです。

そのように見せるための工夫が、左図のようになされています。

建物自体が大きく見える、俗称「ハリボテ看板」で、建物の看板化に成功しています。耐久性の強度計算などは、看板製作業者がしてくれます。

このように看板を有効活用すれば、小さな建物でも、「地域一番」を感じる大きな建物に見せることができるのです。

●②お客様へのメリットの打ち出し

「集客商品」である「ワイシャツ」の価格を明示するだけでなく、「ワイシャツ」の前に「温水洗い・抗菌消臭」の言葉をつけ、そもそも、他社のクリーニング法と違うことをPRしています。

「ワイシャツ126円」だけの看板では、他社の「ワイシャツ98円」の看板と勝負しなくてはならなくなり、価格競争の渦に飲み込まれてしまうのです。

建物看板化のためのテクニックと集客商品看板

品質、親切さをPRするためのイメージ写真

集客のためのPRフレーズを入れる

ただの「ワイシャツ」ではなく、「温水洗い、抗菌消臭ワイシャツ」

季節によって差し換えられる垂れ幕スペース

駐車場のラインは―― 1本線ではなく、
══ 2本線のほうが女性客が安心して入れる

看板の高さと建物の高さは、1：1くらいのバランスが最もインパクトを与える

看板部分は通りに面した3面のみ
板のような看板を立てて、後ろから補強
→建物を大きく見せる

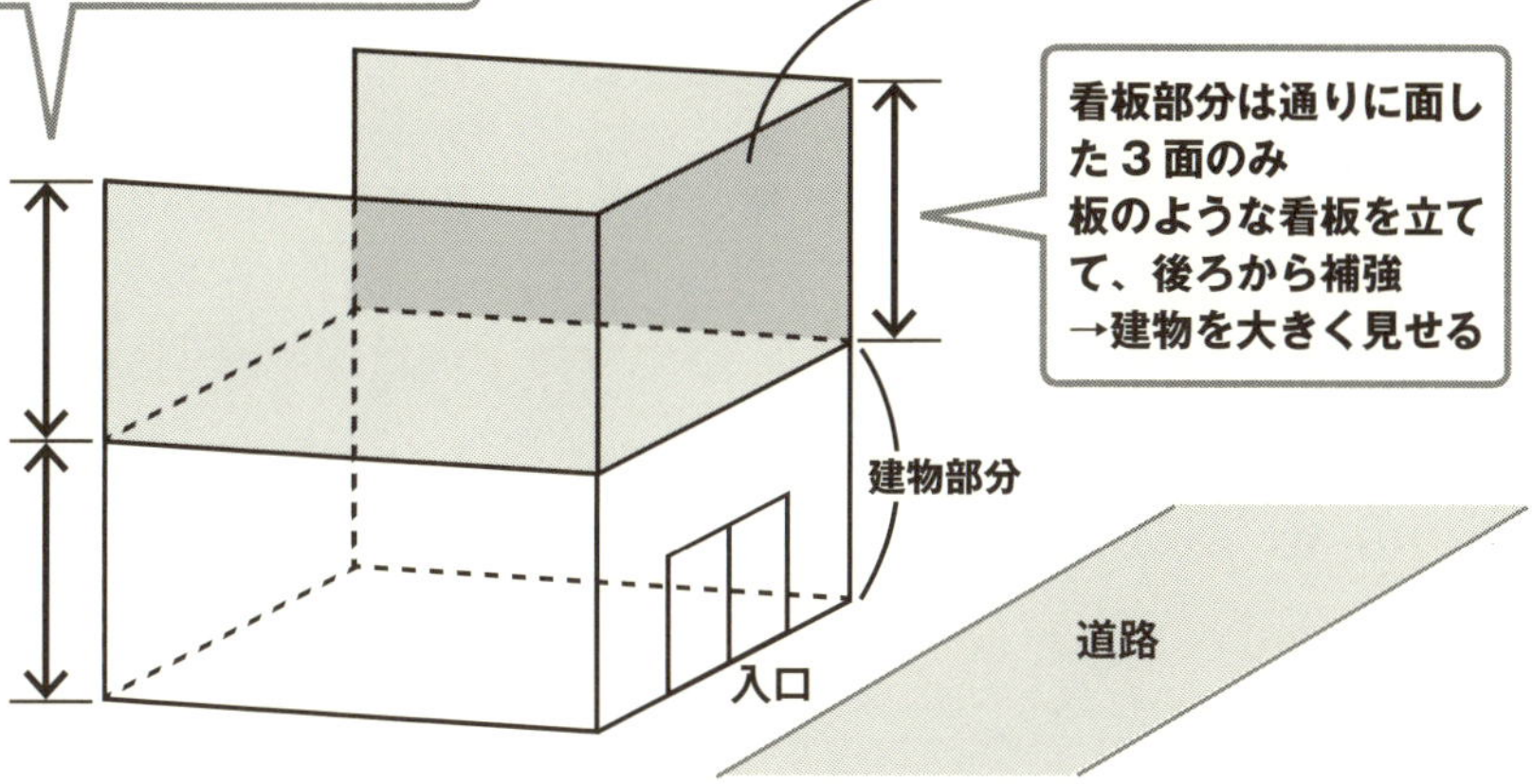

SECTION 11

実例紹介 看板でピンチをチャンスに変えたクリーニング店Ⅱ

③イメージ写真看板

実際に体験してみないとわからない「高品質」や「おいしさ」「親切さ」などを看板で表現することは、非常に難しいことです。

看板の場合、チラシやパンフレットなどのように、お客様が手元に置いて詳細な写真や文章を「しっかり検討する」ということはできないためです。

パッと見て「高品質」を「感じさせる」ことが必要なのです。

このための対策として用いるのが「イメージ写真」です。モデルは自社のスタッフでなくても、自分たちで写真を撮らなくても大丈夫です。イメージ写真の素材集の中から、最適なものを選んで使用しています。

④客単価アップとリピート率アップのためのボード

店内では、お客様によりよいものをお買い上げいただくための「トッピングメニュー」と「一般衣類以外のクリーニングメニュー」を掲示しています。

トッピングメニューは、通常のクリーニングにプラスアルファの加工料金をいただくことで、単価が上がります。「一般衣類以外のメニュー」は、布団やカーテン、着物などの比較的単価の高いクリーニングを次回来店時に出してもらえる効果があります。

アイコン表示・シンボルマークを使うことによって、文字と価格のみを表示する場合と比べて、信頼性を上げる効果を狙っています。

⑤可動部分のある立て看板

メインの立て看板の下半分は、通行車両から見て、最も視認性のよいスペースです。

ここに「看板の弱点」を補う「動きのある看板」を配置しています。このスペースは、3ヶ月に1度程度、板面をローコストで貼り替えることができるようにつくっています。

季節ごとのセール予告、セール最終日告知などを掲示してゆくことで、新規のお客様にも、既存のお客様にも「あのお店は、いつも何かのお得がある」と認識してもらえる効果があります。

店内に提示する看板と可動スペースのある看板

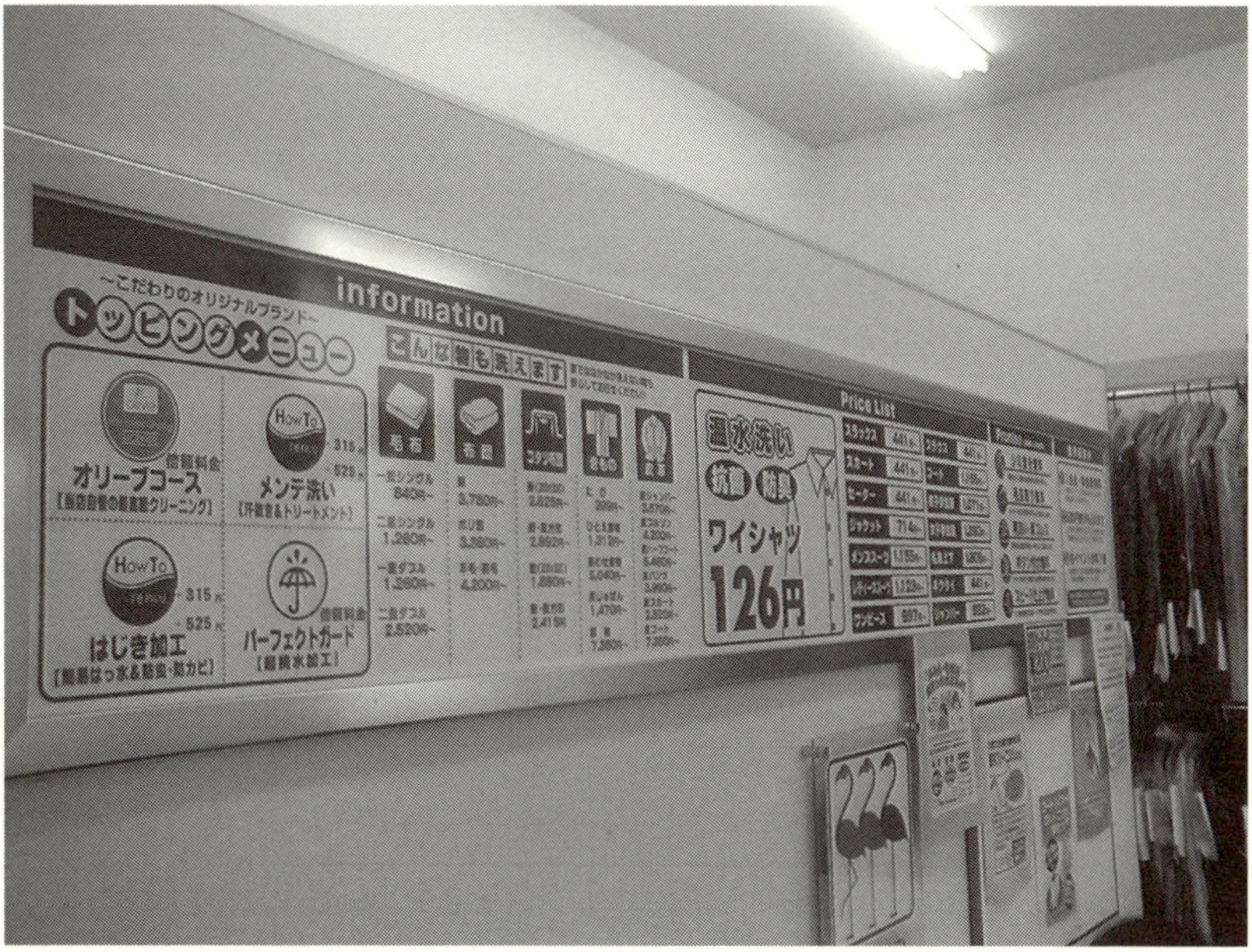

単価アップのための「トッピングメニュー」と「こんな物も洗えます」という一般衣類以外のメニューを店内に掲示している

日曜・祝日の仕上げサービス導入告知

秋のセール告知

看板を短期的に貼り替えることを前提としてつくっているスペース

SECTION

01 販促媒体ベスト30の用法 Ⅰ

02 販促媒体ベスト30の用法 Ⅱ

03 販促媒体ベスト30の用法 Ⅲ

04 販促媒体ベスト30の用法 Ⅳ

店外で用いる看板

05 のぼり

06 店頭サイン

07 袖看板

08 A型看板

09 ガラスシート

10 スタンド看板

11 垂れ幕

12 ポール看板

13 壁面看板

14 チャンネル文字

15 屋上広告塔

16 テント看板

17 フラッグ広告

18 野立て看板

19 交通広告

20 カーマーキング

21 LED看板

店内で用いる看板

22 ポスター・バナー

23 POP

24 ボード

25 カード

26 ショップアイテム

3章

主な看板の種類と最適な活用方法

SECTION

01 販促媒体ベスト30の用法 I

●**販促媒体の特長を整理しよう**

チラシ、ダイレクトメール、ホームページ……たくさんある販促媒体それぞれの特性を知って、その中でも「看板」がどのような特長や効果があるのか？　ということを、まとめてみましょう。

訪問営業：お客様をご訪問して、直接顔を合わせて面談すること。商売の最も基本のスタイルと言えます。一般的に「同じ人に3回会うと、親しくなる」と言われています。

個人的手紙：手書きで「お手紙」を書くこと。印刷物やメールなどが多いなか、「手紙」は心の伝わる販促手段でもあるのです。

電話：お客様に電話をかけること。相手の都合を気にせず電話口に呼び出すことから、不満を買うこともあるのが難点ですが、一方通行にならずにコミュニケーションがとれる、ニーズが聞きだせる、という利点があります。

チラシ（新聞折込み）：自社の商品・サービス・特長を「紙」に明記して伝えること。まだユーザーではないお客様（新規顧客）にわかりやすく「どんなお店なのか」を伝えることができます。

ポスティング：チラシなどの販促物を、新聞に折込むのではなく、個別のポストに投函すること。若年層を中心に新聞の購読者が減少しているため、平均年齢の低い地域で効果を発揮します。

ダイレクトメール：名簿化された特定の相手に、郵便やメール便で、案内を送付する販促手段。相手がどんな志向の持ち主かを把握して、選別して送ることができる点が効果的です。

FAX DM：FAXを利用して、ダイレクトメールを送ること。相手の「紙・インク」を使用してしまう点に留意しましょう。

電話帳広告（イエローページ）：電話帳のなかに広告を出すこと。今すぐにでも注文したいお客様が見る媒体。それだけに、各社がしのぎを削る「最競合地帯」でもあります。

販促媒体マトリックス

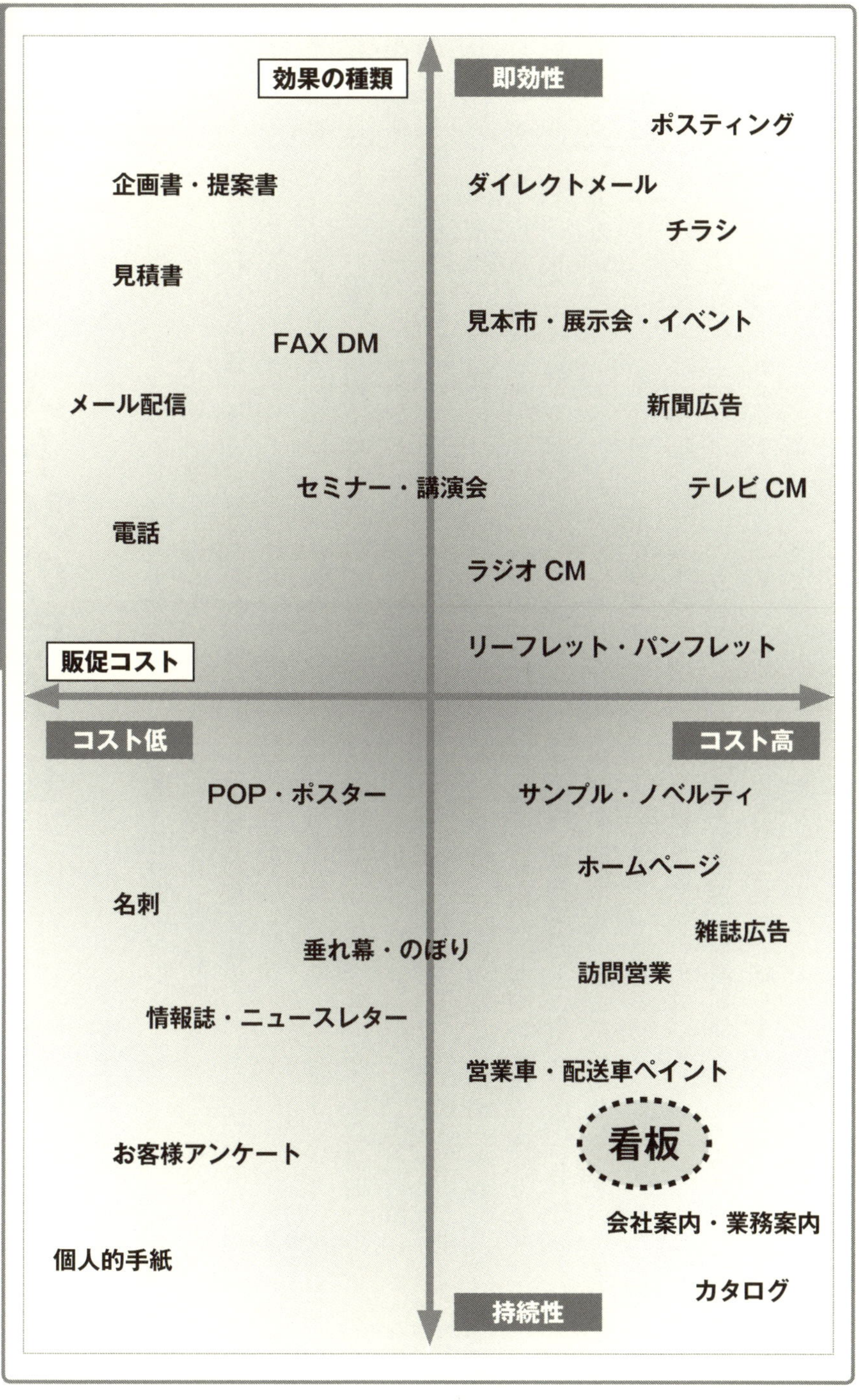
効果の種類
即効性
持続性
販促コスト
コスト低
コスト高
ポスティング
企画書・提案書
ダイレクトメール
チラシ
見積書
見本市・展示会・イベント
FAX DM
メール配信
新聞広告
セミナー・講演会
テレビ CM
電話
ラジオ CM
リーフレット・パンフレット
POP・ポスター
サンプル・ノベルティ
ホームページ
名刺
雑誌広告
垂れ幕・のぼり
訪問営業
情報誌・ニュースレター
営業車・配送車ペイント
看板
お客様アンケート
会社案内・業務案内
個人的手紙
カタログ

SECTION

02 販促媒体ベスト30の用法 Ⅱ

ホームページ：WEB上の「チラシ」であり「会社案内」にもなる。いまでも年々、受注の数字が上がっている媒体です。電話帳広告と同様、すぐに注文したいお客様が見るため、リスティング広告・SEO対策（検索サイトに上位表示されるようにすること）により、お客様に見られやすい場所を確保することが必要です。

メール配信：ダイレクトメールのWEB版。送付料金の安さと手間の少なさが最大の魅力。集めたメールアドレスに対して、情報を定期的に届けます。

POP・ポスター：店内販促の主力。商品や店舗の解説やおすすめポイント、こだわりポイントなどを書く。別名「物言わぬ販売員」。

看板：店外販促の主力。どんな業種の、どんなお店なのかをわかりやすく表現すれば、新規のお客様を効果的に呼び込むことができる。

垂れ幕・のぼり：比較的ローコストで「看板効果」が期待できる媒体。定期的に変更することで、固定化しがちな店外に変化をもたらす。

営業車・配送車ペイント：「動く看板」。商圏内を走り回る「車」は、お客様への刷り込み効果が高い。チラシ・DMなどの紙媒体広告の効果を、より一層高めることができます。

名刺：誰もが持っているビジネスツール。必要最低限の情報だけでなく、会社の紹介・取扱商品の紹介などで「チラシ化」された名刺が、効果を発揮する。

リーフレット・パンフレット：会社案内の簡易版。一般消費者向けに、ある程度長期間、保存しておいてほしいときに使用します。信頼度も上がります。

会社案内・業務案内：主に、BtoB（会社と会社の取引）の際や、採用活動などに活用されます。一部当たりのコストは高く、急な業務変更に対応できないので、十分に検討してから作成しましょう。

企画書・提案書：個別案件の受注のため、オリジナルで作成される書類。提出先がどのようにすれば、儲かるのか？　よくなるのか？　という仮説を、ビジュアルにわかりやすく表現します。

商品の価値を表現した販促媒体のモデル例　その1

チラシ

テレビCM

03 販促媒体ベスト30の用法 Ⅲ

見積書：企画書や提案書と連動して、金額を提示する書類。できるだけ専門用語を排除し、わかりやすく価値を訴求した内容にする。価格の高い安いだけが、勝負ではないことを肝に銘じましょう。

カタログ：自社の取扱商品が掲載された総合冊子。作成のためのコストはかかるが、保存性はチラシやパンフレットよりも高い。また、取扱商品が一覧で掲載されているので、一定の商品の顧客が別の商品を必要としたときに、なじみのあるお店ということで見ていただける。

サンプル・ノベルティ：特典・試供品としてお客様にプレゼントするグッズ。これからその商品を普及させていきたい場合や、受注のきっかけをつかみたいときなどに用いられます。

セミナー・講演会：得意なテーマについて人を集めて話す会。「訪問」とは逆に、お客様に集まってもらう方法です。

テーマに関する専門知識や、書籍などには書かれていないノウハウが必要となり、外部講師を呼ぶ方法もあります。また、お客様同士も知り合う機会になるので、口コミで商品のよさが広がるきっかけにもなります。

見本市・展示会・イベント：得意なテーマについて、商品・サービスなどを一定期間、展示することで、人を集めます。特別な雰囲気を出して、購入意欲に訴えかけることができます。

新聞広告：新聞に広告を掲載する。新聞の配布エリアと、自社の対象商圏が一致しているかどうかを確認する必要があります。

雑誌広告：雑誌に広告を掲載する。雑誌の発行部数、コンセプト、対象読者層が、自社のターゲット顧客と一致しているかどうかが成功のポイント。

パブリシティ：マスコミ（新聞・雑誌・テレビなど）に記事として取り上げてもらう手法。自社の商売のＰＲでは取り上げてもらえないので（公共性が必要）、話題性を持たせて行う必要があります。

商品の価値を表現した販促媒体のモデル例　その2

雑誌広告

個人的手紙（お礼状）

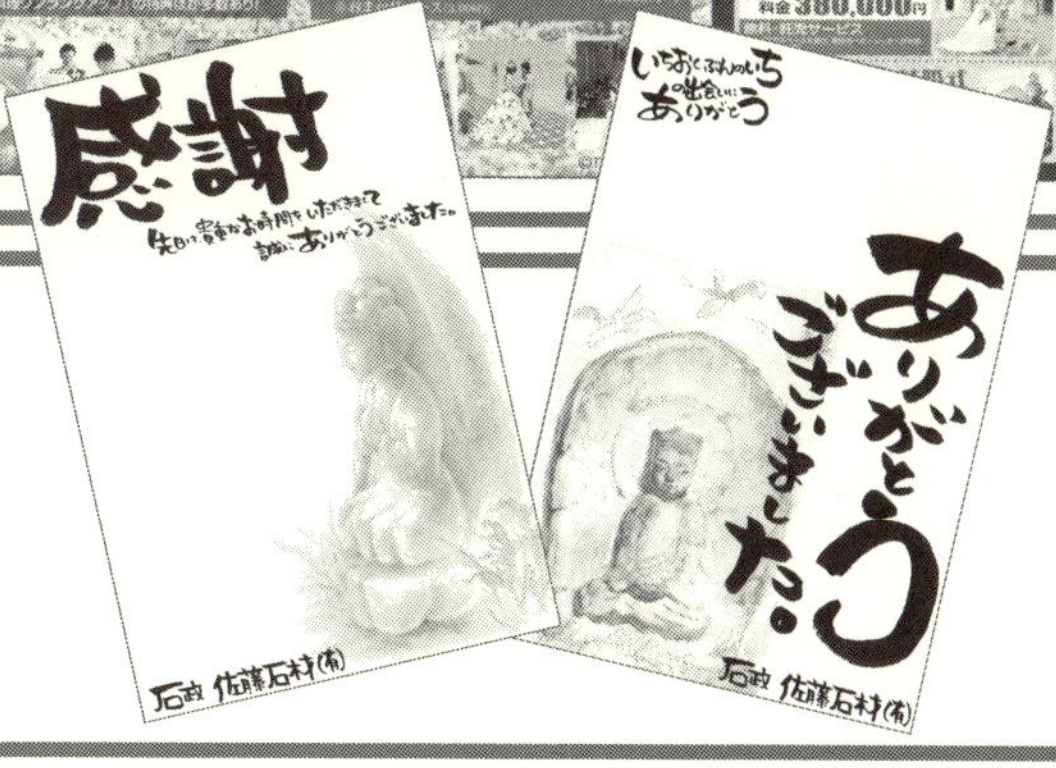

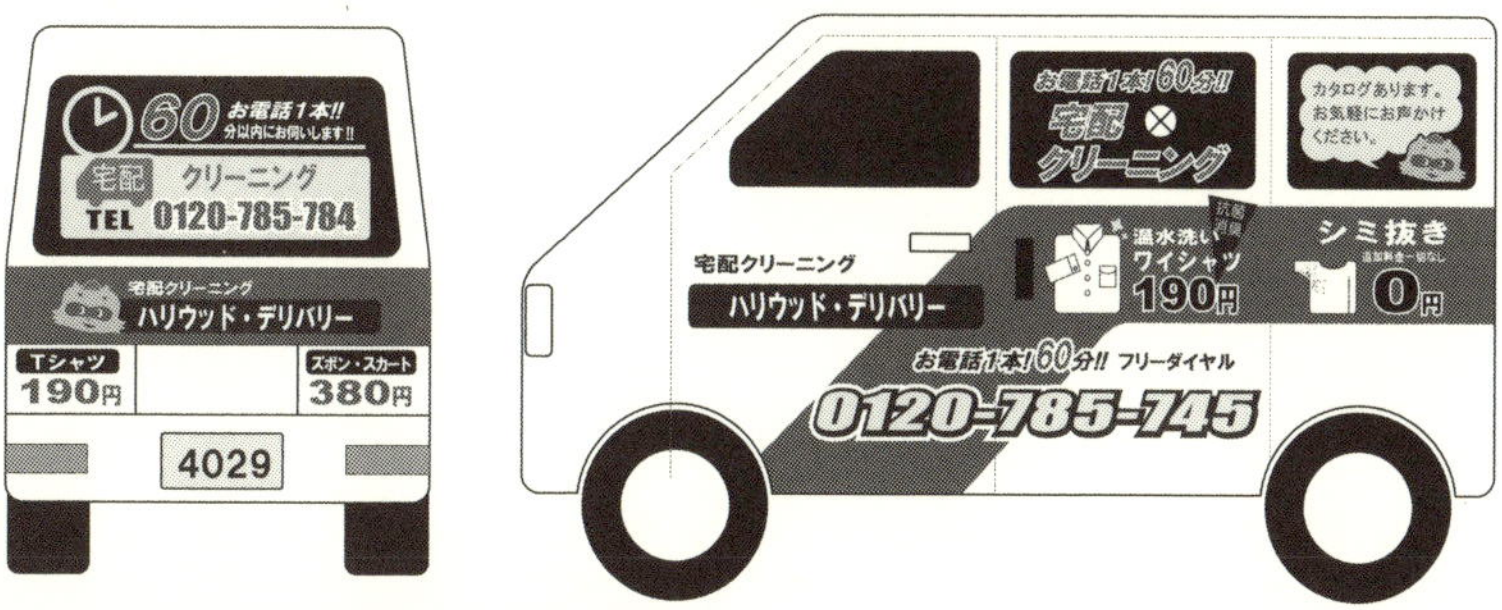

営業車・配送車ペイント

SECTION
04 販促媒体ベスト30の用法 Ⅳ

ラジオCM：ラジオでコマーシャルを流す。年配層ターゲットならAM放送、若年層ターゲットならFM放送という鉄則があります。レギュラースポンサーとなってCMを流すならば、番組のコンセプトと、自社・商品のコンセプト、視聴者層を一致させる必要があります。

テレビCM：テレビでコマーシャルを流す。コストはかかるが、5年以上継続するつもりで取り組めば、一気に知名度がアップします。

情報誌・ニュースレター：「売り」の出ていないダイレクトメール。自社の商品情報、社内情報、繁盛情報などを提供することで、お客様との心理的なつながりを持つことができます。

お客様アンケート：顧客の満足度を計るための回収式の質問。事前に目的や活用方法を明確にしてから、質問事項をまとめる。「アンケートのためのアンケート」に終わらないように留意しましょう。

●看板販促の長所とは

このように販促手段を整理してみますと、看板関係（看板・垂れ幕・のぼり・営業車ペイント）には、「持続性が高い」という長所と「即効性に欠ける」という短所があることが、ご理解いただけると思います。

つまり、一度しっかりした内容の看板を作成すれば、まるで「漢方薬」のような効果（即効性はないが、体質改善され、持続性が高い）があると言えるのです。

また、集客できる期間が、チラシやDMのようにコストをかけたその時、その場限りになることもありません。ライバル店などに、簡単にモノマネされることも少ない媒体です。

そのような「看板」というカテゴリーの中でも、様々な看板の種類が存在しています。

目的や、用法に応じた看板を、自由自在に使いこなすことで「即効性に欠ける」という弱点を克服し、「持続性が高い」という長所をさらに高めてゆくことができるのです。

それでは、種類別に看板の特長を見ていきましょう。

看板媒体マトリックス

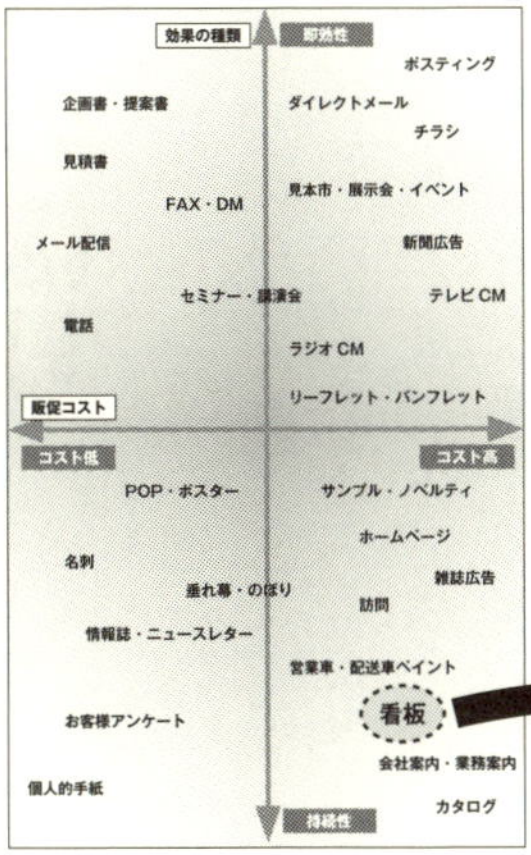

販促媒体マトリックス(63ページ)の中の看板系媒体をさらに詳しく見てみると…

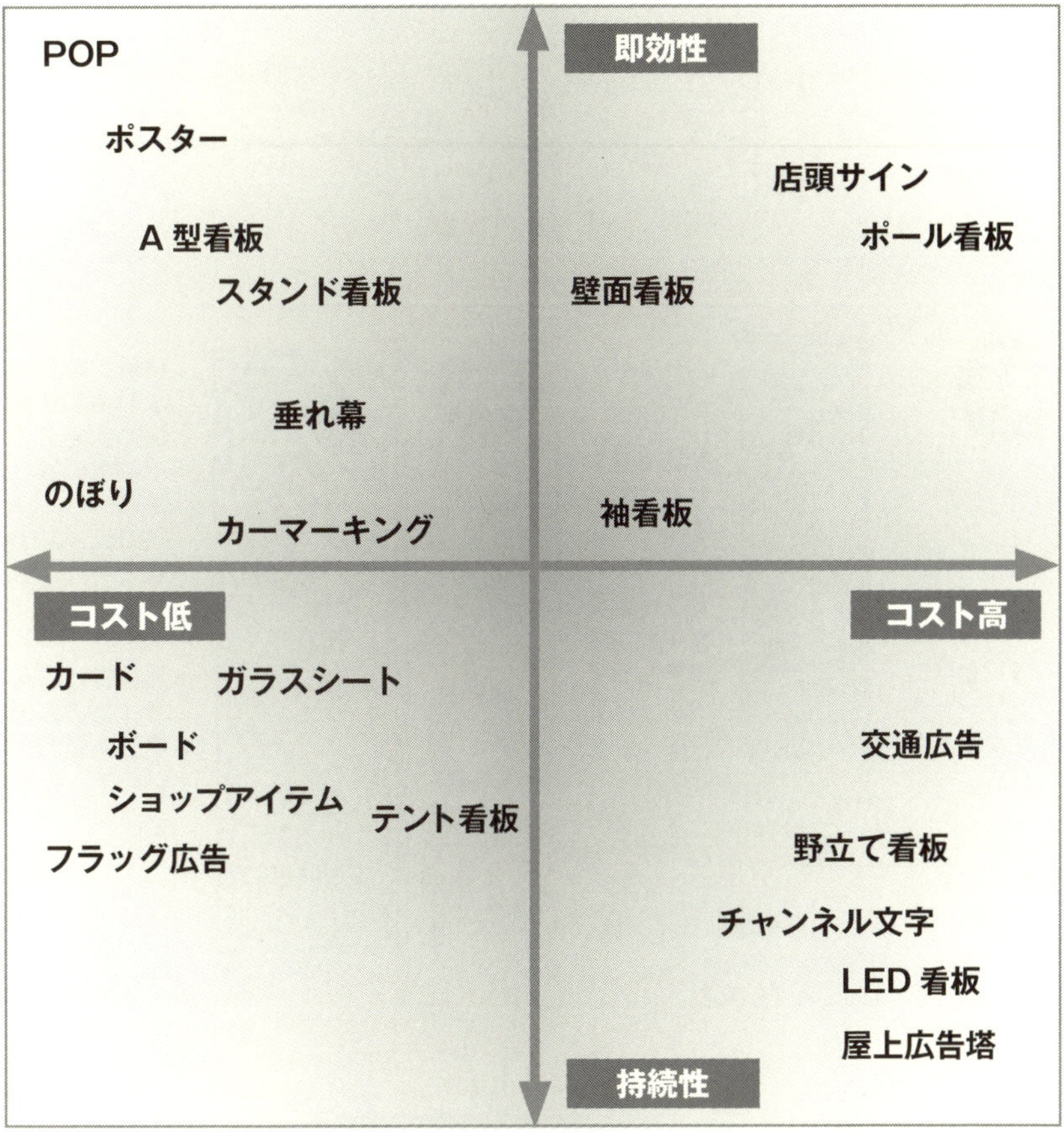

SECTION

05 のぼり

店外で用いる看板

サインの原点ともいえるもので、戦国時代に自分の大軍を知らしめるためなどにも使用されました。

現代においても、パタパタと風になびき、動くことで、店舗に勢いと活気を与えます。

地面に穴を開けてパイプを埋めておく、注水式タンク専用の台に立てる、手すりなどにくくりつける、店舗自体にパイプを取り付け空中に向かって立たせるなど、様々な取付方法があり、比較的場所を選ばず、手軽に使用することができます。低予算で目立つためには、のぼりは非常に有効な看板媒体です。

のぼりに表現する内容は、読み取りづらいので、業種名をシンプルに書く、店舗イメージカラーを表現する、主力商品のPRを行うなど、ある程度、的を絞ったほうが効果を発揮します。

色あせしやすく、プラスチックでできているポールや注水式タンクなどが壊れることもありますので、こまめにチェックして、お店のイメージを逆に損なうことのないように注意しましょう。

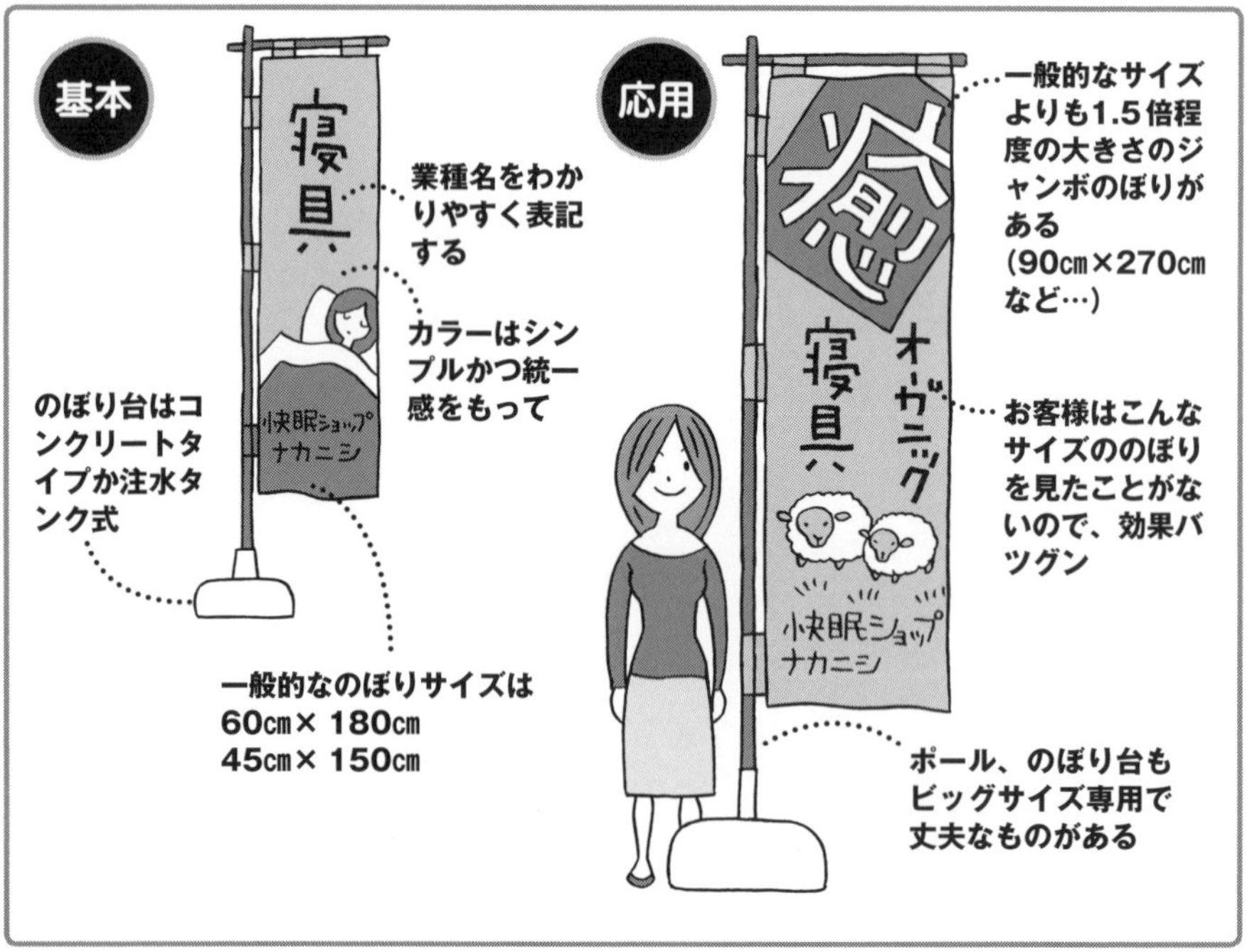

基本
寝具
快眠ショップ
ナカニシ
業種名をわかりやすく表記する
カラーはシンプルかつ統一感をもって
のぼり台はコンクリートタイプか注水タンク式
一般的なのぼりサイズは
60㎝× 180㎝
45㎝× 150㎝
応用
癒
寝具
オーガニック
快眠ショップ
ナカニシ
一般的なサイズよりも1.5倍程度の大きさのジャンボのぼりがある
(90㎝×270㎝など…)
お客様はこんなサイズののぼりを見たことがないので、効果バツグン
ポール、のぼり台もビッグサイズ専用で丈夫なものがある

SECTION
06 店頭サイン
店外で用いる看板

店舗の入り口上付近に取り付ける看板のことです。ここでの看板の大きさは、集客力の高さに比例します。特に新規顧客への大きなアピールとなります。

店頭サインは「お店を大きく見せる」効果があり、同時に「店の顔」となる看板です。

「できるだけ大きな面積を確保すること」
「お店の特長がひと目でわかる内容を表現すること」

が成功のポイントです。

面積が大きくなるので、コストもかかると思われがちですが、照明を看板の中に入れて照らす「内照式」ではなく外からライトを当てる「外照式」にする、素材を昔ながらのアクリルや鉄ではなく、合成布を使うなど、形状や素材を工夫すれば、コストダウンが十分可能です。

店頭サインが小さくてもよいのは、「趣味品」(なくても生活には困らない、より豊かに暮らすための商品)を扱う業種で、歩行者をメインターゲットとする商店街立地。商品を外に並べることができる、建物や小物の雰囲気が看板の役割を果たせるという条件を満たす場合です。

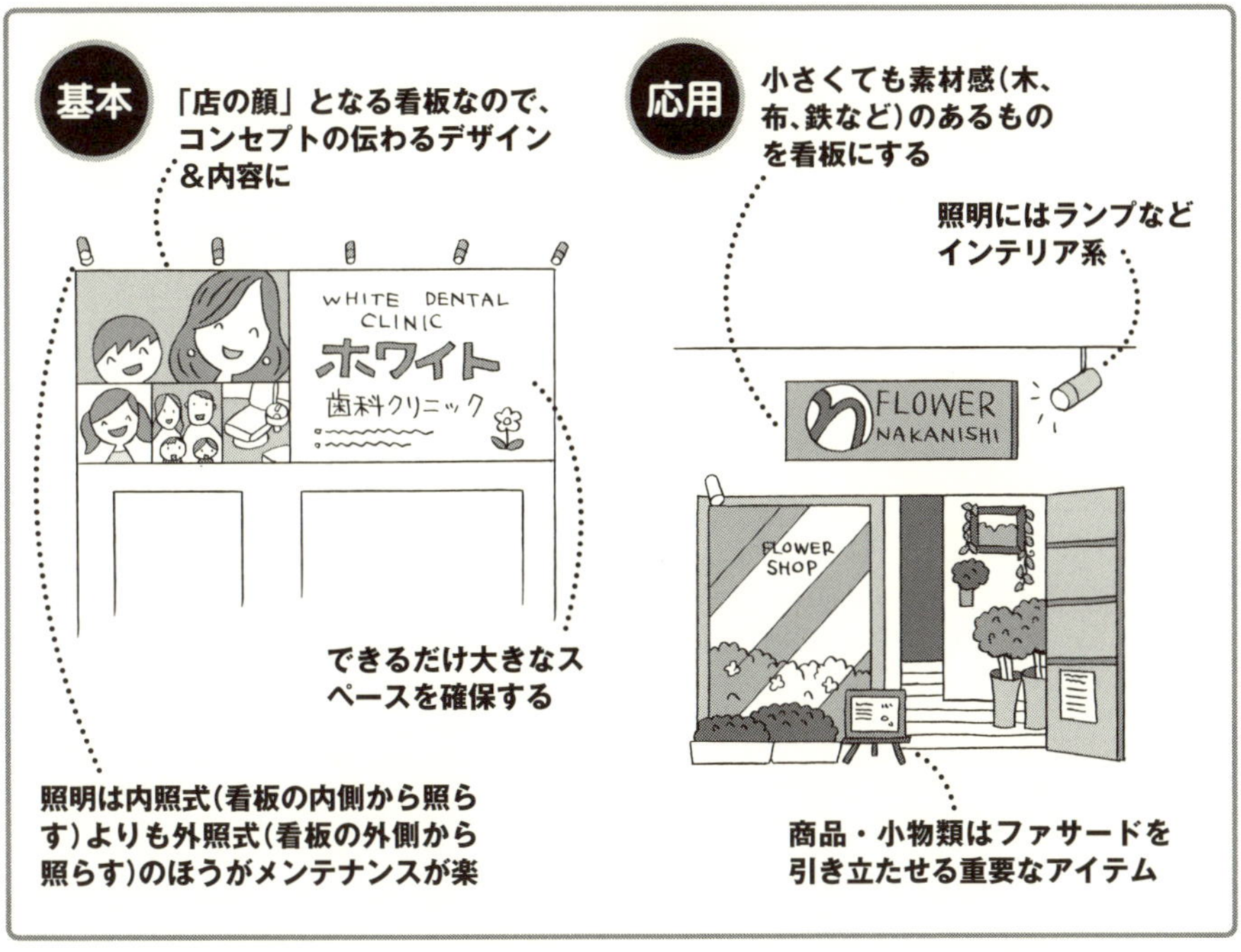
基本
「店の顔」となる看板なので、コンセプトの伝わるデザイン&内容に
WHITE DENTAL CLINIC
ホワイト
歯科クリニック
できるだけ大きなスペースを確保する
照明は内照式(看板の内側から照らす)よりも外照式(看板の外側から照らす)のほうがメンテナンスが楽
応用
小さくても素材感(木、布、鉄など)のあるものを看板にする
照明にはランプなどインテリア系
FLOWER NAKANISHI
FLOWER SHOP
商品・小物類はファサードを引き立たせる重要なアイテム

SECTION
07 袖看板
店外で用いる看板

建物の壁面を利用して突き出すように設置された看板を「袖看板」とか「突き出し看板」といいます。

建物の壁面を利用して設置しますので、わざわざ地面を掘ってポールを立てる必要がありません。そして、相当の高さまで（ただし、建物を超えてはいけません）設置することができます。

その分、コストは安く、視認性のよい位置に看板を出すことができますが、高い位置にあり、風・地震などの自然災害の影響を受けやすいので、強度を考え構造等には特に注意が必要です。

新規顧客の来店率を高めるためには、通行者の目線に対して、直角の位置に看板を出す必要があります。自分のお店のある方向に向かって、できるだけ自分のお店を意識せず、お客様の気持ちになって、設置場所を歩いてみてください。

「うちのお店って、ちょっと目立たないな……」と感じたときは、袖看板の出番です。最も手軽に「目線に対して直角」のスペースを確保できます。

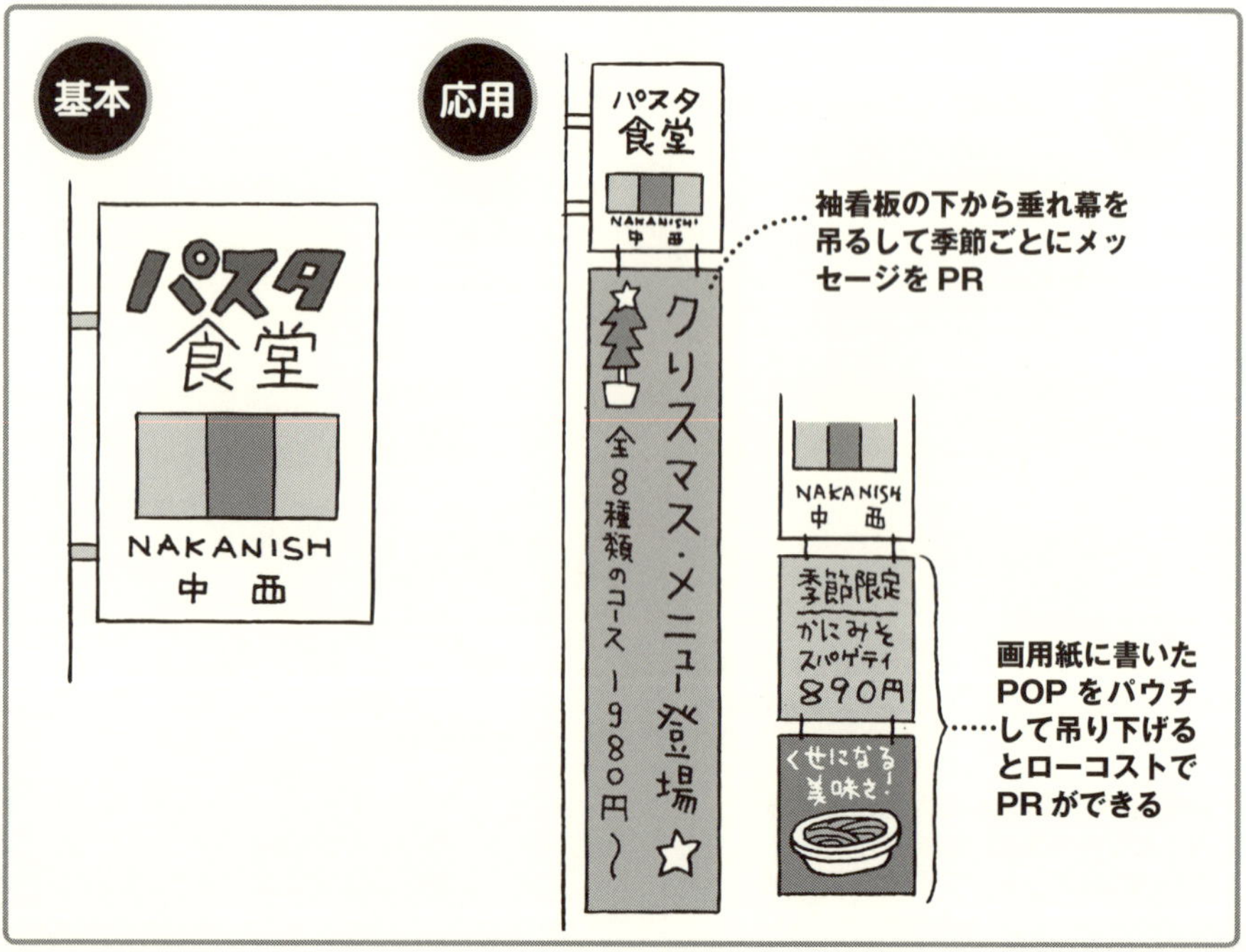

SECTION
08
A型看板
店外で用いる看板

この看板を側面から見ると、表裏の面板の上部が接合されていて、「A」の文字に見えることから「A型看板」と呼ばれています。

移動が可能で、収納も簡単。何と言っても、今まで看板のなかったところに、広い面積のPRスペースを確保できるところが魅力です。

背の高さ以上もある重いものから、女性でも持ち運びができるプラスチック製のものまで、目的と用途に応じて、様々な種類のA型看板があります。

その種類は、車からの目線もひきつけるビッグサイズのもの、商店街など人通りの多い場所で詳しく商品案内や店内案内を行うもの、チラシや割引券などを自由にお持ち帰りいただけるボックス付、お店に入ってくるお客様へのウェルカムボード的なものなど様々です。

素材についても、アルミ製、プラスチック製、木製から、オシャレでインテリア性の高いものまで。また、中古のA型看板を板面だけを取り替えて使用するケースもあります。ローコストで、汎用性の高い看板です。

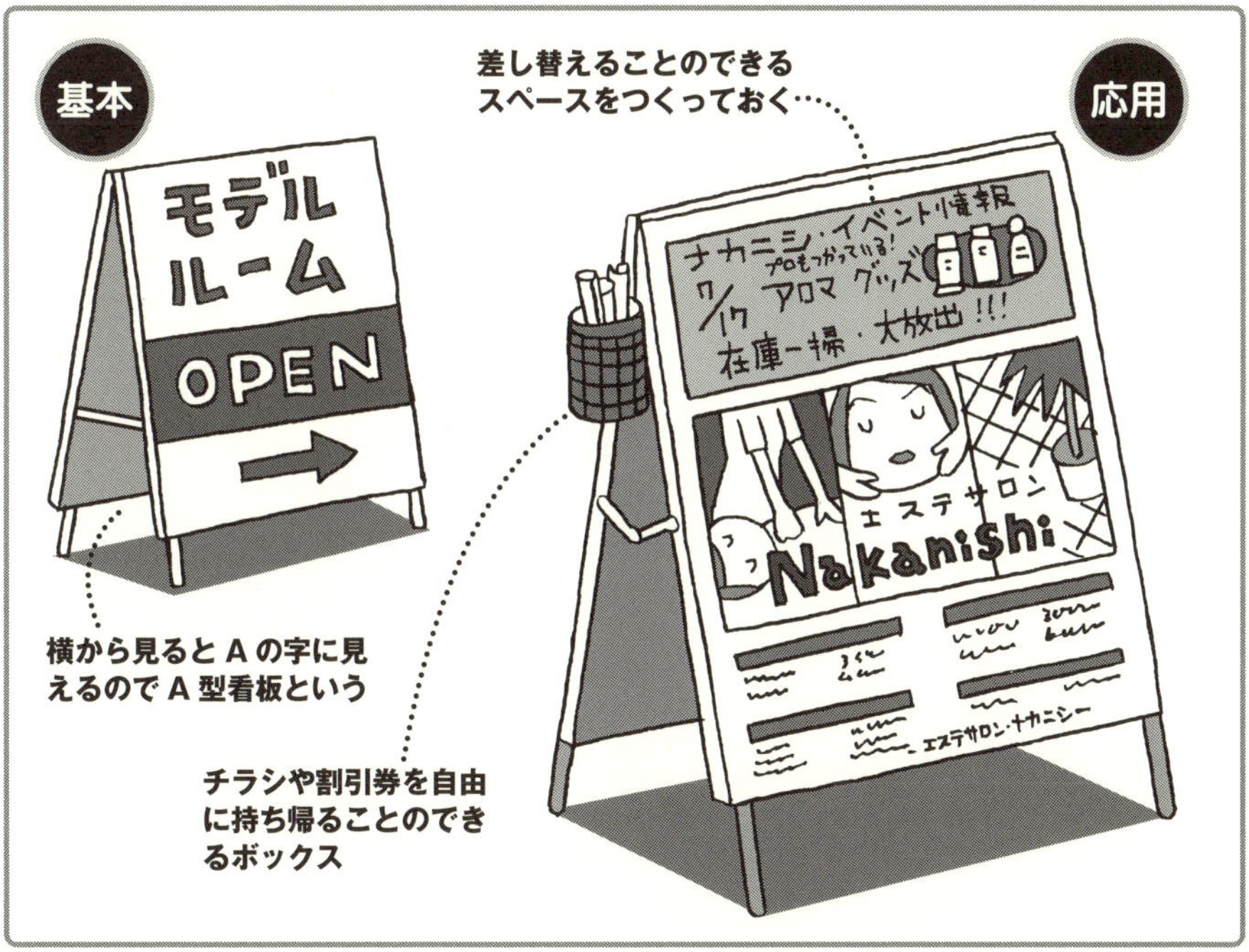
基本
応用
差し替えることのできるスペースをつくっておく
モデルルーム
OPEN
ナカニシ・イベント情報
プロも使ってる!
7/17 アロマ グッズ
在庫一掃・大放出!!!
エステサロン
Nakanishi
エステサロン・ナカニシー
横から見るとAの字に見えるのでA型看板という
チラシや割引券を自由に持ち帰ることのできるボックス

SECTION
09 ガラスシート

店外で用いる看板

店舗の入り口扉や、窓などのガラス面を利用して製作する看板を「ガラスシート」「ウィンドウサイン」と呼びます。

ガラスに直接貼り付けることができるため比較的コストが安く、また、広い面にPRが可能なので、インパクトがあり、デザインやガラス内のディスプレイを用いた見せ方などにも凝ることができます。

1階店舗の場合は、ガラス面いっぱいを使ってデザインするのではなく、ガラス面の一部（一面、あるいは上半分など）は空けておき、店内の様子が見えるようにしておいたほうが、お客様の安心感も強まり、入店率が高まります。

2階店舗の場合は、思い切ってガラス面をいっぱいに使ったデザインで、まず目立つことを優先して作成することをおすすめします。

ガラス面に文字を貼り付けるときには、白いシートの上に重ね貼りして「白の縁取り」を文字に施すと、見やすくなります。

ガラス面には「白」の文字がよく映える。
「カラー」の文字を直接貼り付けてしまうと、見えにくいという性質がある。

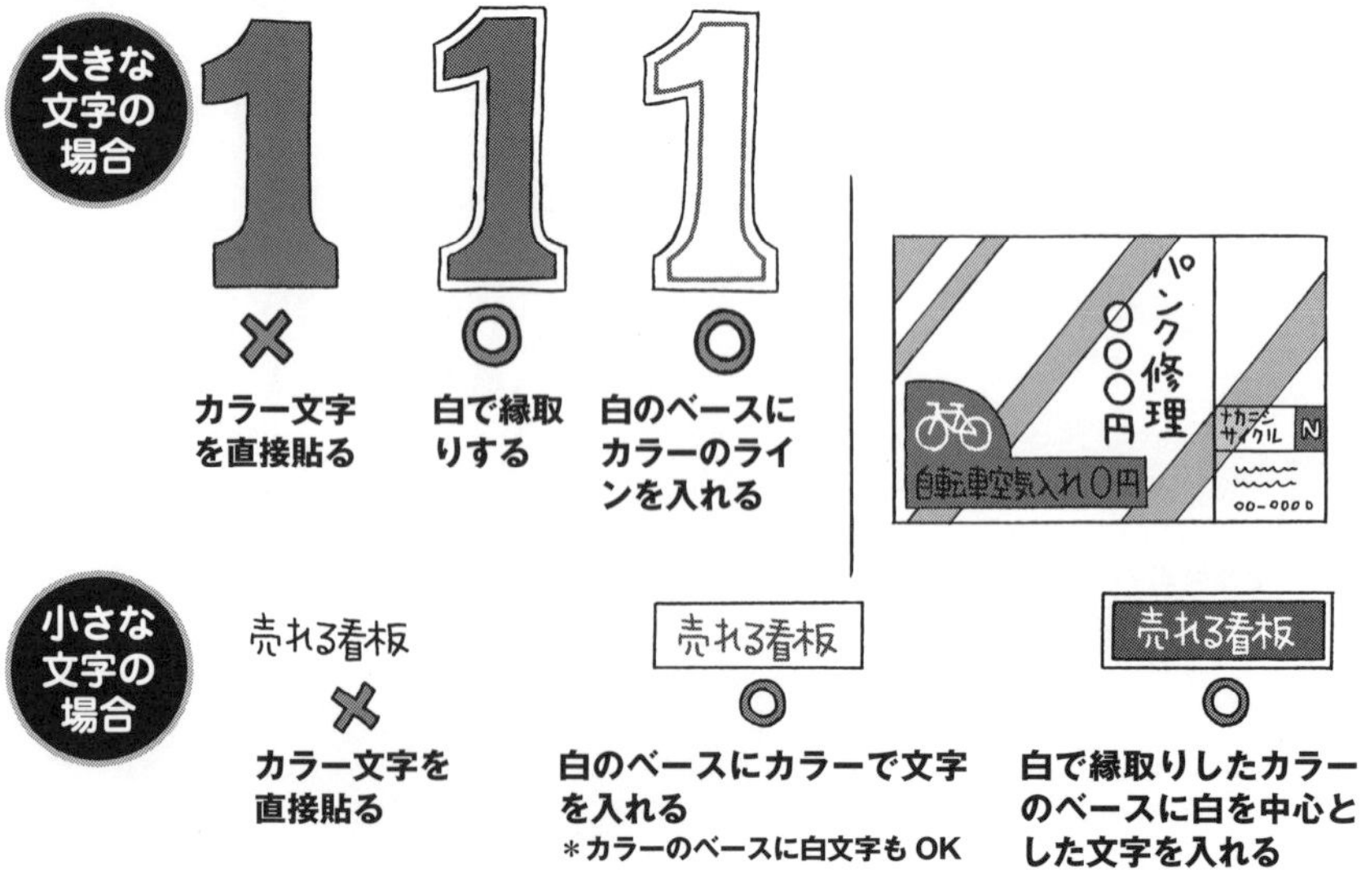

SECTION 10

スタンド看板

店外で用いる看板

スタンド看板は、主に「歩行者客」「自転車客」が中心の立地で、お店や会社の前に置いて使うことが多い看板です。

簡単にPRスペースをつくれるという点では「A型看板」と似ていますが、A型看板よりも、設置のための面積が小さくても大丈夫であること、両面でのPRではなく、片面でのPRが中心となることが特徴です。

板面が曲面（アール／R）に加工され、オシャレでやわらかい印象を与える「カーブタイプ看板」。空き地や駐車場などでよく見られるトタン板に脚（木柱・鉄骨）を付けた「立て看板」。短期イベントに使用される集客用の「ステ看板」。内部に電気がついて、くるくる回っている「内照式回転看板」。パソコンと連動して自分で簡単に中身を変えることができる「デジタル映像看板」等々、すべて「スタンド看板」の仲間です。

形状、素材、機能、コストも多種多様なものがありますので、お店のコンセプトや用途に応じて選ぶことが可能です。

自分で立っている看板のことを総称して「スタンド看板」と呼ぶ

スタンダードタイプ

最もシンプルなスタンド看板。それだけに、素材を「木」や「鉄」などにしても面白い。

カーブタイプ

板面がゆるやかにカーブしたもの。優しいイメージ。女性的なイメージの商品を扱っているお店に最適。

電飾タイプ

板面の中に電球があり、内側から照らすスタンド看板。板面を定期的に差し替えて使うと「動き」が出る。

タワー・カタログスタンドタイプ

持ち帰り用のチラシ、パンフレットなどを並べることのできるもの。並べるものの「顔」に工夫したい。

イーゼルタイプ

メニューボード等に使われることが多い

映像タイプ

パソコン等と連動し、動画も流すことができる。もちろん各種ソフトを使って自分でデザインしてもOK

SECTION

11 垂れ幕

店外で用いる看板

季節ごとに看板内容を変更したい、定期的にＰＲするものを変更したい、などイベント、セール、フェアなどの告知に役立つのが「垂れ幕」です。

看板業界に、業務用の大型インクジェット出力機（パソコンで作成したデザインをそのまま、看板に接着可能な大きなシートに印刷する機械）が普及したことで、安価に看板面がつくれるようになり、増えてきた看板の種類です。

あらかじめ板面を定期的に変更してゆく……という前提でつくっておけば、看板の決定的な弱点である「時間が経つと周囲の風景の中に溶け込んでしまう」「コストがかかるので、頻繁に付け替えることができない」という点を改善することができます。

垂れ幕は、レールやワイヤー・ポール等の設置部材を建物などの躯体に取り付け、ＰＲ面は掲載変更できるよう、布やターポリン系の簡易素材を使用しますので、風の影響を受けやすく、取り付けや補強には十分な注意が必要です。

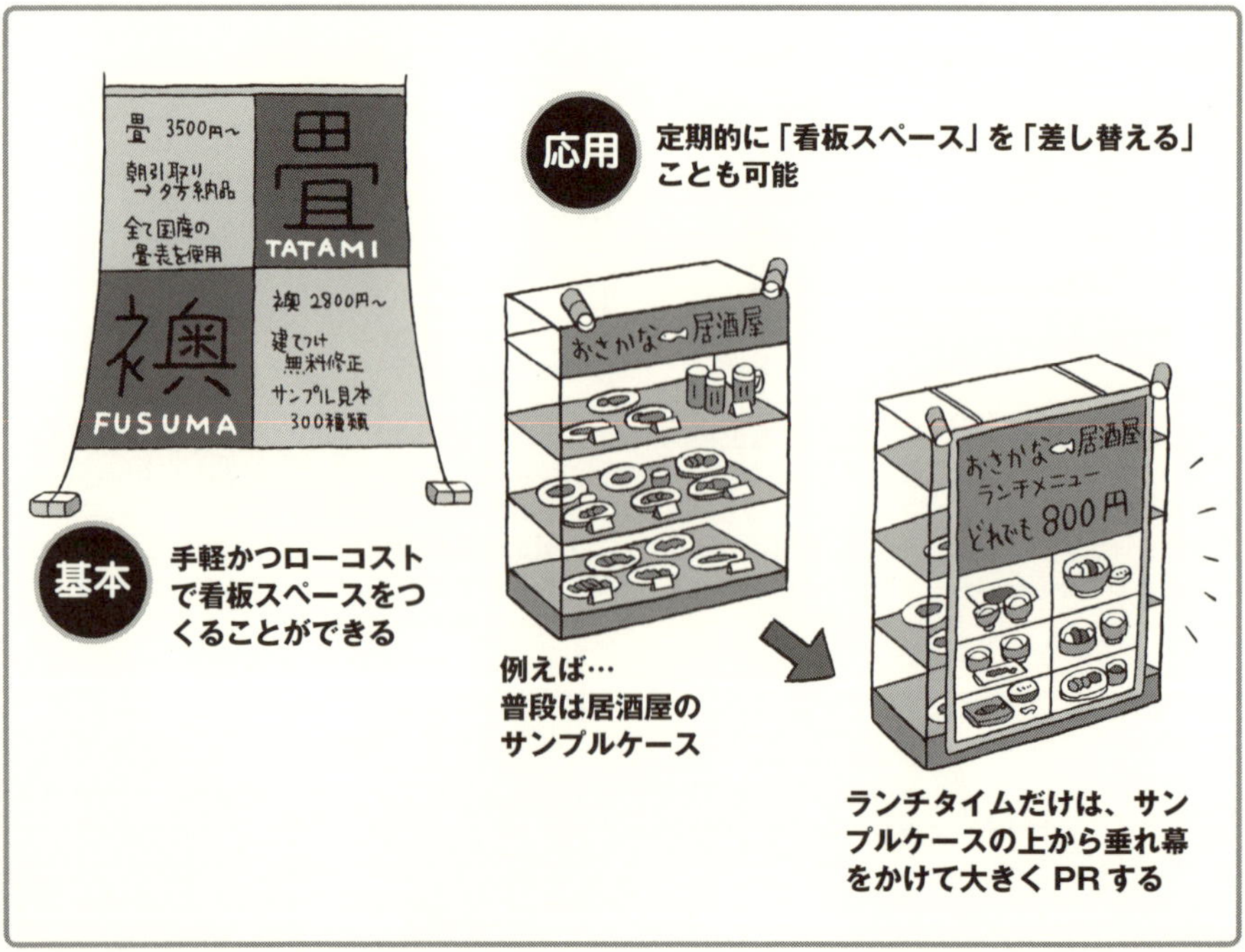
畳 3500円～
朝引取り → 夕方納品
全て国産の畳表を使用
畳
TATAMI
襖
FUSUMA
襖 2800円～
建てつけ無料修正
サンプル見本 300種類
基本
手軽かつローコストで看板スペースをつくることができる
応用
定期的に「看板スペース」を「差し替える」ことも可能
おさかな居酒屋
例えば…
普段は居酒屋のサンプルケース
おさかな居酒屋
ランチメニュー
どれでも 800円
ランチタイムだけは、サンプルケースの上から垂れ幕をかけて大きくPRする

SECTION
12 ポール看板

店外で用いる看板

そのお店の存在を知らせるよう、遠方からでも目を引く看板です。

主にロードサイドの立地で「車客」を相手にする商売の場合によく使われます。

時速40㎞くらいで走れる道路では、最低でも50ｍくらい手前から、自店の看板を認識してもらわなければ、スムーズに入店してもらえません。急に視界にお店が見えてもなかなかすぐには止まることができないからです。

また、ポール看板は「高い位置に大きくつくればよい」というわけではありません。車を運転する人は座った状態で、遠くを見ていますので、意外に高いものは、視界の中に入らないものなのです。

車で走ってみて、１００ｍ手前、50ｍ手前から見てどの位置に看板を建てることがベストなのか？　ということを写真撮影して、よく確認することが必要です。

ポールを地面に埋め込む基礎工事が必要なため、大きなものでは、百万円単位の出費となりますので、慎重に計画を立てる必要があります。

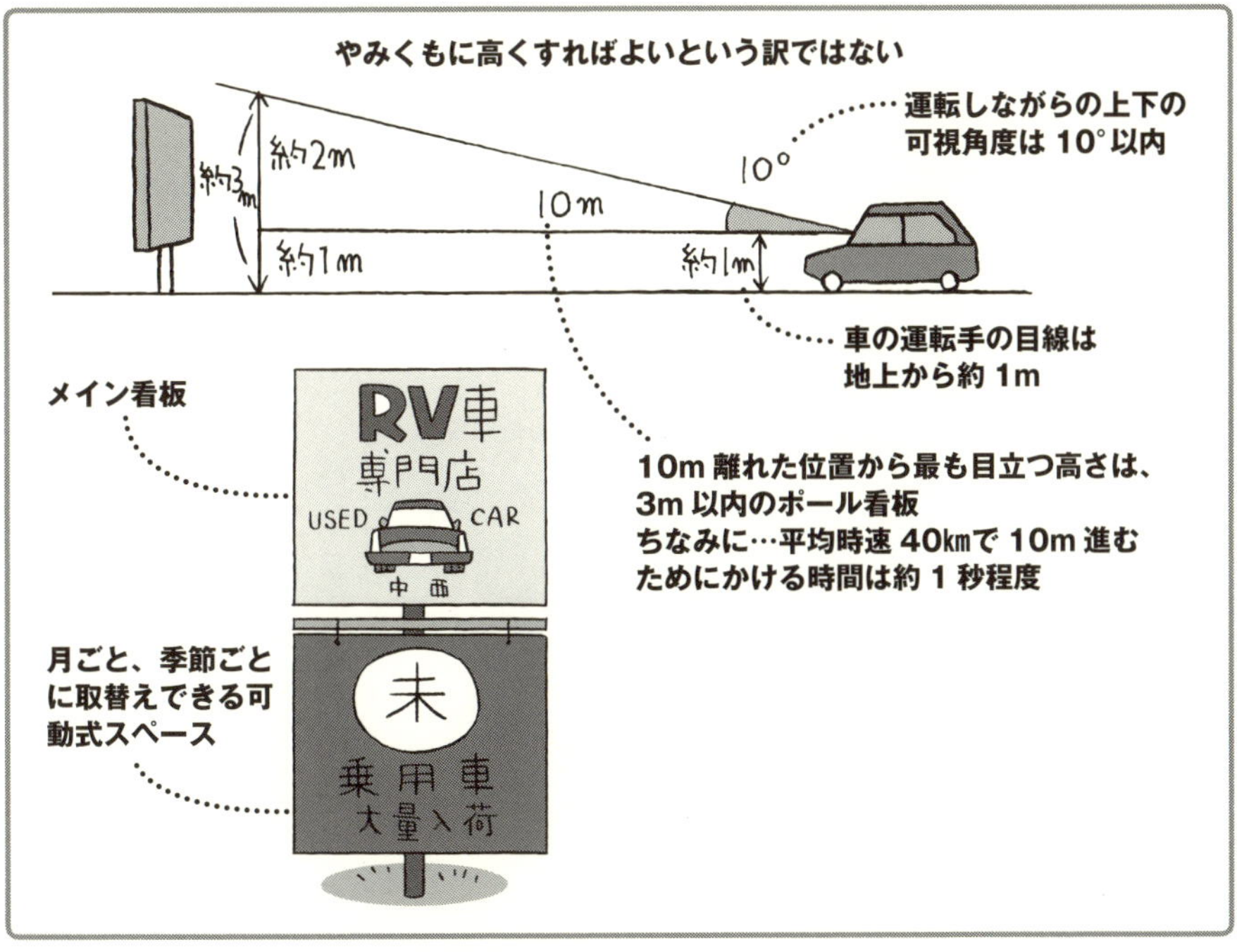
やみくもに高くすればよいという訳ではない
約3m
約2m
約1m
10m
10°
約1m
運転しながらの上下の可視角度は 10°以内
車の運転手の目線は地上から約 1m
メイン看板
RV車
専門店
USED
CAR
中西
月ごと、季節ごとに取替えできる可動式スペース
未
乗用車
大量入荷
10m 離れた位置から最も目立つ高さは、3m 以内のポール看板
ちなみに…平均時速 40kmで 10m 進むためにかける時間は約 1 秒程度

SECTION
13 壁面看板

店外で用いる看板

建物躯体の壁面にシートやボードを貼り付けた状態の看板を総称しています。

これも「大型インクジェット出力」が一般的になってきたため、「筆書き」や「シート貼り」の時代よりも、安価できれいな仕上がりになってきた看板の代表選手と言えるでしょう。

自立式でないので相当な大きさまでの表現が可能ですが、各自治体の定めた条例、法令等の定める範囲内での施工となります（例えば「看板として使用してよいのは、建物壁面の3分の1まで」などのルールが定められている場合があります。看板屋さんに確認すれば、すぐにわかります）。

店の前の柱なども、そのまま躯体をむき出しにするのではなく、柱や壁そのものに「店頭サイン」や「壁面看板」と連動したカラーリングを施す「柱マーキング」「壁マーキング」も、安価で間口を大きく見せて目立たせ、集客力を高めることのできるあまり知られていないテクニックです。

大型インクジェット出力により、写真を看板に使うことも可能
壁面のみならず、店舗の「柱」にまでラッピングするように看板を取り付けると、間口が大きく見える
コーヒー豆専門店
ナカニシ
珈琲
キリマンジャロ
ブラジル
コロンビア
ブルーマウンテン
焙煎されたばかりのコーヒー豆を!
コーヒー豆専門店

SECTION 14

店外で用いる看板

チャンネル文字

文字を立体的に加工した看板。

「チャンネル文字」という呼び名の他に「ボックス文字」「切り文字」「箱文字」といった呼び方もあります。

屋外に使う場合は、ステンレスや真鍮《しんちゅう》・銅などのさびない素材を使います。インショップ店舗など屋内なら、樹脂素材（カルプ等）をアクリル板で挟み込んだものなど。場所と用途によってバラエティのある素材で加工されます。

ベロっと貼りつける平面的な看板よりも建物との一体感があり、高級感が出ますので、ホテルや結婚式場、葬祭場、ブランドショップ、企業、官庁、マンションなどのパブリック（公的）なイメージを強く印象づけたい施設に多く使われています。

建物自体のイメージアップを図ることができるので、「安さ・便利さ・親しみやすさ」だけでなく、「こだわっている商品を扱っています」ということを訴えたい場合や、イメージを損なわず目立ちたい場合に使うことをおすすめします。

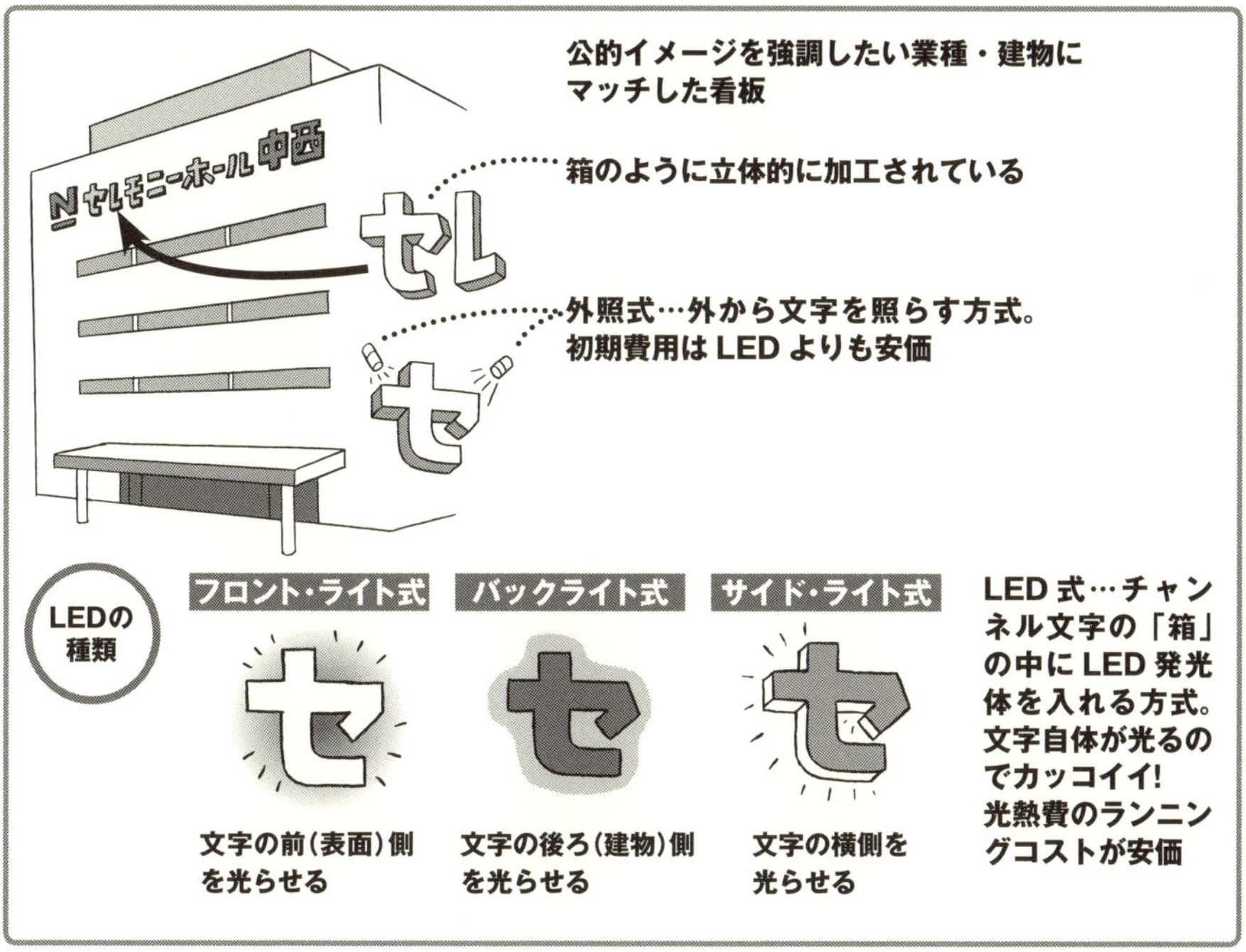
公的イメージを強調したい業種・建物にマッチした看板
Nセレモニーホール中西
箱のように立体的に加工されている
外照式…外から文字を照らす方式。初期費用はLEDよりも安価
LEDの種類
フロント・ライト式
文字の前（表面）側を光らせる
バックライト式
文字の後ろ（建物）側を光らせる
サイド・ライト式
文字の横側を光らせる
LED式…チャンネル文字の「箱」の中にLED発光体を入れる方式。文字自体が光るのでカッコイイ！光熱費のランニングコストが安価

SECTION

15 屋上広告塔

店外で用いる看板

屋上看板は主にビルの屋上に設置します。建物の屋上部分よりも上に設置する看板を総称して屋上広告塔、屋上看板という呼び方をします。

屋上看板は、自社の位置や存在を大々的にアピールすることができ、看板そのものが地域の中で「ランドマーク」的に認知されることが多いという特長があります。ランドマークという言葉には、元来「人がまたそこに戻ってくるための目印とする地理上の特徴物」という意味があります。

ですから、大きな面積を確保したほうが一般受けしますし、明快で、なおかつ普遍的な会社のイメージ、コンセプトをあらわすデザインとしなければなりません。

屋上広告塔を「貸し看板」としているビルオーナーも多数存在します。広告主は業績が悪くなると、真っ先にここを削る傾向にあります。街中を走っていて、屋上広告塔にどんな業界の広告が多くなっているのか？　をウォッチングすることは、時流を端的に感じることのできる材料でもあります。

基本
一般的には、ビルなどの大きな建物に使われることが多い

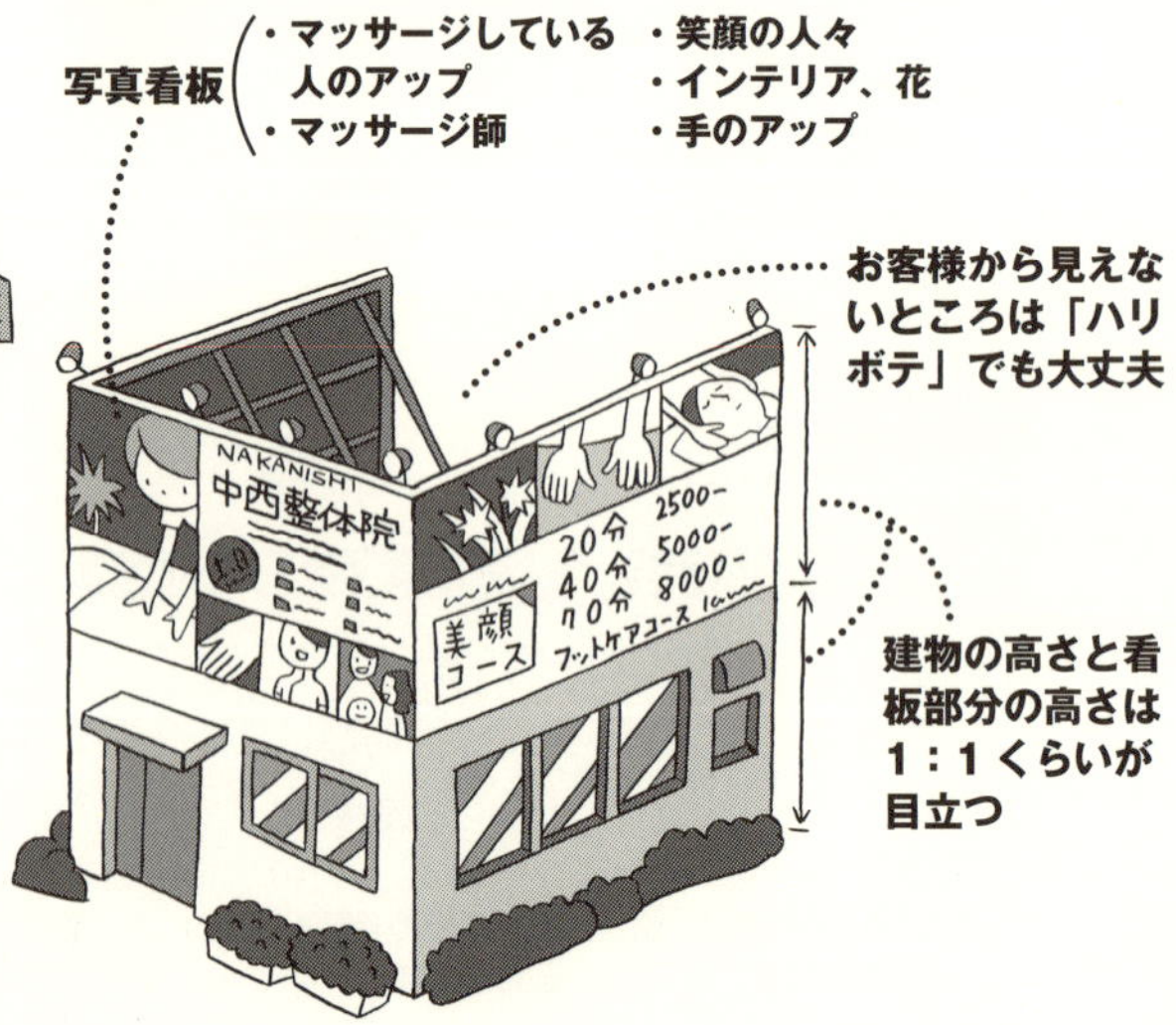
応用
既存の建物やプレハブなどの“屋上”を活用した広告塔。
建物自体が看板に見えるようにつくる

SECTION
16 テント看板

店外で用いる看板

街でよく見かける一般的な「テント看板」。

建物の窓や正面玄関の上部から、せり出すように突き出している「テント看板」ですが、その役割は「雨よけ」だけにとどまりません。意外に知られていない効果、それはお店に「奥行き感」を出す効果です。

テント看板には、大きな平面の看板を建物に取り付けただけでは出せない「立体感」を建物に持たせ、存在感を際立たせる効果があるのです。

この場合、テント自体にPRフレーズを書き込むよりも、イメージカラーやイメージ文字・マークを刷り込むのがベストです。テントの下にガーデニングをしたり、ベンチやテーブルや雑貨類を飾ったり、スタンド看板やメニューボードなどを出して、その店のコンセプトを表現し、奥行き感・立体感を活用します。

また、テント生地やシートに直接看板デザインを印刷し、それにパイプ枠をつける製作方法は、安価で広い面の看板をつくれます。

かばんFactory … なかにしっ
since 1972
テントを張り出すことで店舗が立体的になる
船舶用のランプ
テント下のスペースは、商品のコンセプトを表現するアイテムを飾ることで集客力が高まる
今は使わなくなったミシン「手づくり感」を出す
旧型のベスパ 店主のお気に入りを置き、人柄を出す
レンガの歩道、ベンチ、素焼きの鉢植え、植物

SECTION

17 フラッグ広告

店外で用いる看板

フラッグ＝「旗」も大切な看板です。

一般的に「旗」と言えば、国旗・校旗や優勝旗・応援旗・信号旗、縁起物の大漁旗から団体旅行で使われる引率旗まで、現在、数多くの用途に使われています。その歴史は大変古く、エジプト・ローマの時代より、団体や個人を識別する手段として使われてきました。

「錦の御旗をたてる」「一旗揚げる」「Show The Flag（立場を明確にせよ）」などの格言・ことわざがあり、大切なことを旗の前で誓う習慣があったりと、旗に対して人は、単なる「目印」としての物質以上の深い意味合い（結束・忠誠など）を感じているものです。

同様の素材を使用している「のぼり」が自立式（自分で立っている）であることに対して、フラッグ広告の場合は、建物にポールを取り付け、そこにくくりつけるスタイルとなります。1階店舗では、主に「視認性とイメージの両方をアップさせること」を目的として使われ、空中店舗（2階以上のテナント店舗）には、集客のための活用をおすすめします。

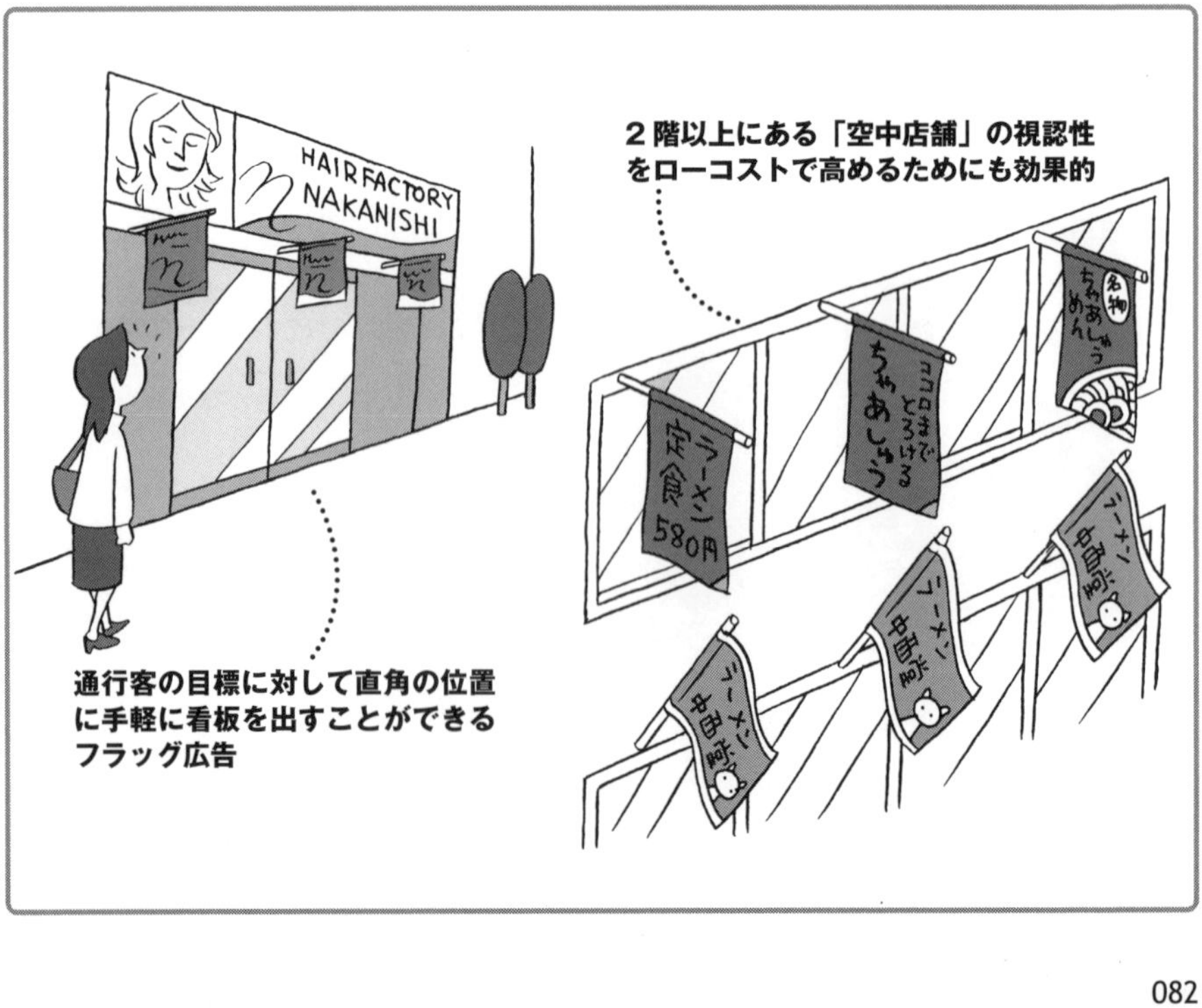
HAIR FACTORY
NAKANISHI
2階以上にある「空中店舗」の視認性をローコストで高めるためにも効果的
ココロまでとろける ちゃあしゅう
ラーメン定食 580円
通行客の目標に対して直角の位置に手軽に看板を出すことができるフラッグ広告

SECTION 18

野立て看板

店外で用いる看板

　自店の敷地以外の土地に看板を立て、宣伝や誘導の告知に使う看板を「野立て看板」と呼びます。幹線道路沿いや交差点、あるいは電車の車窓から、よく見かける独立した看板です。

「野立て看板」は、自店のシェアの弱い地域に、3～5年がかりでイメージを浸透させてゆくためには、非常に効果的な販促手段です。

　看板を出したい場所があるならば、それを看板屋さんに伝えておけば、地主さんとの交渉から代行してくれますし、空き看板スペースの情報をもらえることもあります。

　コストとしては、初期費用として看板デザイン・製作の費用と、ランニングコストとして月の家賃が発生します。

　集合タイプの野立て看板（大きな野立て看板に、複数の業者の看板を取り付けているタイプ）もあります。家賃は安く上がりますが、やはり「自社単独」での看板に比べれば、効果はかなり落ちます。

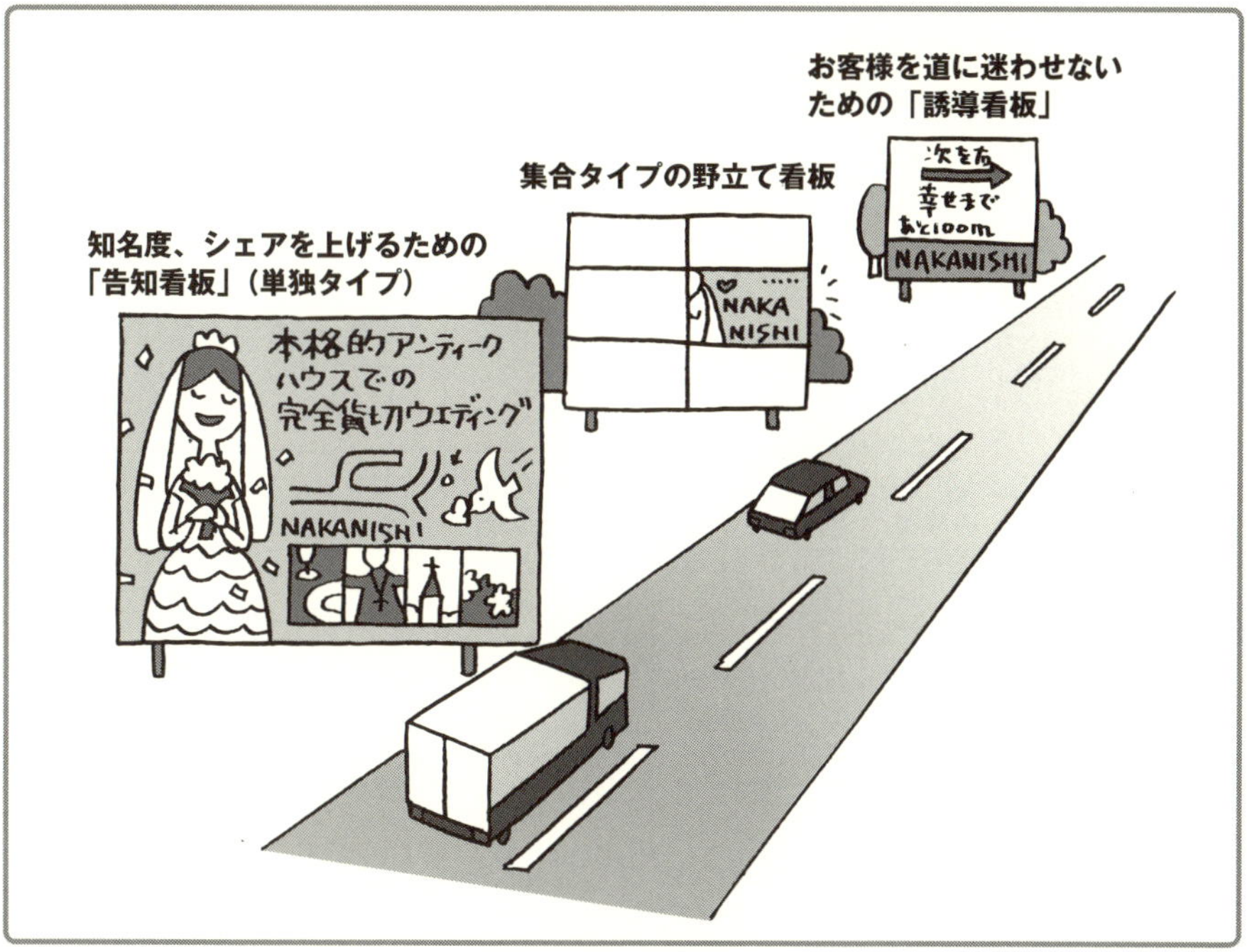

SECTION 19

店外で用いる看板

交通広告

電車の駅構内や車内、バス停のベンチや車内、空港のターミナル内などにある看板スペースを「交通広告」と呼びます。

前述の「野立て看板」がロードサイドの土地を借りて設置するのに対して、こちらは人の集まる場所への設置が可能です。「客層」を限定できるという大きなメリットもあります。

たとえば、駅のターミナルなら、自店の位置する側の出入口付近に看板を立てれば、そこを通る通勤客をターゲットにすることが可能です。バス関係の広告は、比較的年配の方をターゲットにした業種や学生向けの商品広告が適していますし、空港ならホワイトカラーのビジネスマンを相手にする業種、観光客へのPR看板が適しています。

交通広告の場合は、こちらが看板屋さんを探して指定することはできません。電鉄会社、バス会社、ターミナル運営会社が指定する広告代理店を通しての看板製作となります。

	駅	電車	バス	タクシー	空港
場所	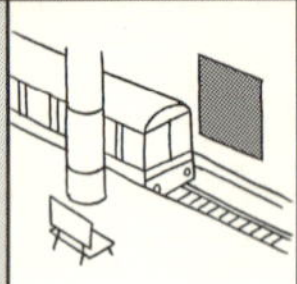 ベンチ、壁、改札付近など	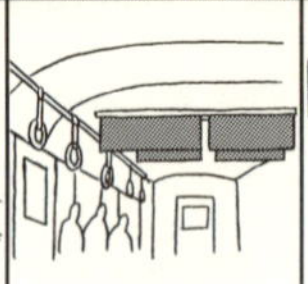 つり革、壁、中吊り広告など	 ベンチ、車内、ボディなど	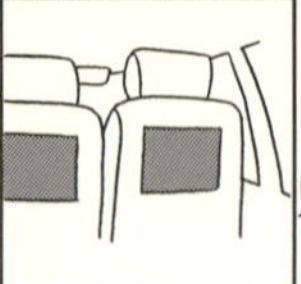 助手席・運転シートの後ろ、ボディなど	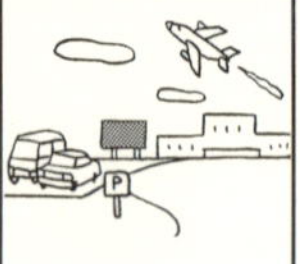 空港内待ち合い所、カウンター、駐車場など
ターゲット客層	電車を利用する通勤、通学客、周辺の住民	電車を利用する通勤、通学客、広域の沿線の住民	車を持っていない年配の方、学生	時間をお金で買うビジネスマン	長距離を移動する人（ビジネスマン、旅行者）
最適な業種	病院関連や飲食店など、地域密着系の業種	住宅、不動産、レジャー施設、雑誌、スクール、全国発売商品など広域商圏業種	葬儀社、旅行代理店、健康食品、車の教習所など	金融商品、ハウスキーパー、ダイエット、速読術など	特産物、宿泊施設、地元企業（全国に商品を出荷している）

SECTION 20

カーマーキング

店外で用いる看板

普段、使用している「車」を移動看板化します。場所代も不要で、なおかつ商圏内を無駄なく走ることが多いため、目立つカーマーキングは、最も手軽にできる認知度アップの「飛び道具」的看板と言えるでしょう。

車体に直接、シートを貼り付けて施工することが多く、フラット面でなくても上手に貼ることができます。営業車を購入するときには、カーマーキングすることを前提にして、原色系のカラーを購入すると、シートを貼ったときにきれいに仕上がります。

また、側面だけではなく、後ろの面へのマーキングも大切にしたいものです。歩行者からも、車の中からも、最も目立つスペースなのです。後窓面には「シースルータイプ（運転席からは外が見え、外からはPR内容が見える）」のシートを貼れば、PRスペースも十分に確保できます。

「私用に使うこともあるので、恥ずかしい」という方には、取り外し可能な大きなマグネットを貼るという方法もあります。

お客様への具体的なメリットや、イメージカラー、キャラクターを大きく訴求する。原色系のボディカラーの車を買ってからマーキングするとよい

SECTION
21 店外で用いる看板
LED看板

ＬＥＤ（Light Emitting Diode：発光ダイオード）は、直訳すると、「光を発生させる半導体」です。この「青色」の発色（青色発光ダイオード）を日本の研究者が開発したことと、その後の発明の対価をめぐる裁判によって有名になった素材です。

消費電力が低く、寿命が長いこと、簡単に光の色を調整することができる、強い光を発光できる、などの特性から、携帯電話、デジタルビデオカメラ、信号機などにも使用されています。これまで「光る看板」の代名詞でもあったネオンサインに代わり、数多く使用されるようになっています。

空間や建物そのものをオシャレにライトアップすることができます。

看板文字そのものを光らせる「フロント・ライト」方式、看板文字の下側から光を壁面に当てる「バックライト」方式、両方を組み合わせた「バック・フロント」方式、チャンネル文字の厚みの部分を光らせる「サイド・ライト方式」などのタイプがあります。

「文字、あるいは板面そのものを光らせる」看板として、メジャーになってきたLED。光る看板として有名なネオンとの比較をしてみました

ネオン	比較項目	ＬＥＤ
 管が光る	形状	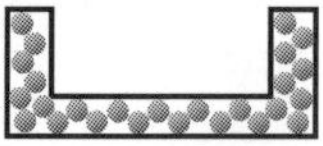 小さなLEDが光る
全方向 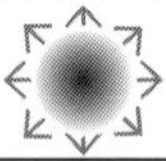	発光	一方向 
折り曲げ加工が難しいので、文字・大きさ・形に制限がある	デザイン	小さなLEDの組み合わせなので、複雑な形に対応し、隅まできっちり光らせることができる
管・ガスの調整により、フルカラーOK	色	フルカラーOK。色変わりの演出も簡単にできる
短い	寿命	長い（ネオンの10倍※参考値）
電気代が高い。初期費用（制作・設置）が安い	経済性	電気代が安い。初期費用（制作・設置）が高い
AC15000Vの高電圧	安全性	12Ｖの低電圧

SECTION 22

店内で用いる看板

ポスター・バナー

人間の心理として、がらんとした空間で買い物するよりも、ある程度ゴチャゴチャ感があった方が買い物しやすいようです。

ポスターには、紙などでできていて、頻繁に内容変更ができるという特長があります。屋外よりも「屋内」でその効果を発揮します。

また、高い位置からポスターなどを吊るし、インパクトを出して空間を演出するものをバナーと言います。

ポスターとバナーの効果は主に3つに大別されます。特性を把握した上で、活用したいものです。

①**付加価値訴求タイプ**：お客様が買おうとしている商品、もしくは受けようとしているサービスが、いかにすばらしいものであるか、を表現するポスター。

②**追加商品販売タイプ**：お客様に「あっ、そういえば、これも買っておこう」という意欲を喚起させるポスター。

③**リピート来店促進タイプ**：「もう一度、来店してみよう」と思わせるためのポスター。

小さなPOPを上から貼り付けて注目度UP

ポスターの下にひとまわり大きな「台紙」を貼ると「額縁効果」が生まれ、高級感、注目度がアップする、「台紙」には、深緑、こげ茶、えんじなどの中間色の濃い色の紙を使ったり、すだれ、和紙、木などの素材感のあるものを使う

写真なども補助POPとして活用できる

SECTION

23 POP

店内で用いる看板

ＰＯＰはPoint Of Purchase（販売時点広告）の略。ポスターが、フロアに置いたり、壁に貼り付けたりするのに対して、ＰＯＰは個別の商品自体の説明に使われることが多い看板です。その効果は「モノ言わぬ販売員」とも形容され、商品の販売と売上アップには欠かせないツールです。

工場で生産されたばかりのモノを「製品」と呼びます。商品名、価格、サイズ、容量などの「規格」が決まっています。この「製品」段階では、つくり手の意図したところや使いみちは、お客様に驚くほど伝わっていないことが多いのです。

これを「商品」に変えるためには、この製品を①どんな人に、②いつ、③どんな場面で使ってもらいたいのか。使うことによって④どんな効果を実感できるのか、⑤これまでと比べてどんな違いがあるのか……ということを売り手が自分自身の言葉で、具体的にお客様に伝える必要があるのです。このような内容の書かれた「ＰＯＰ」が、よいＰＯＰ広告ということになります。

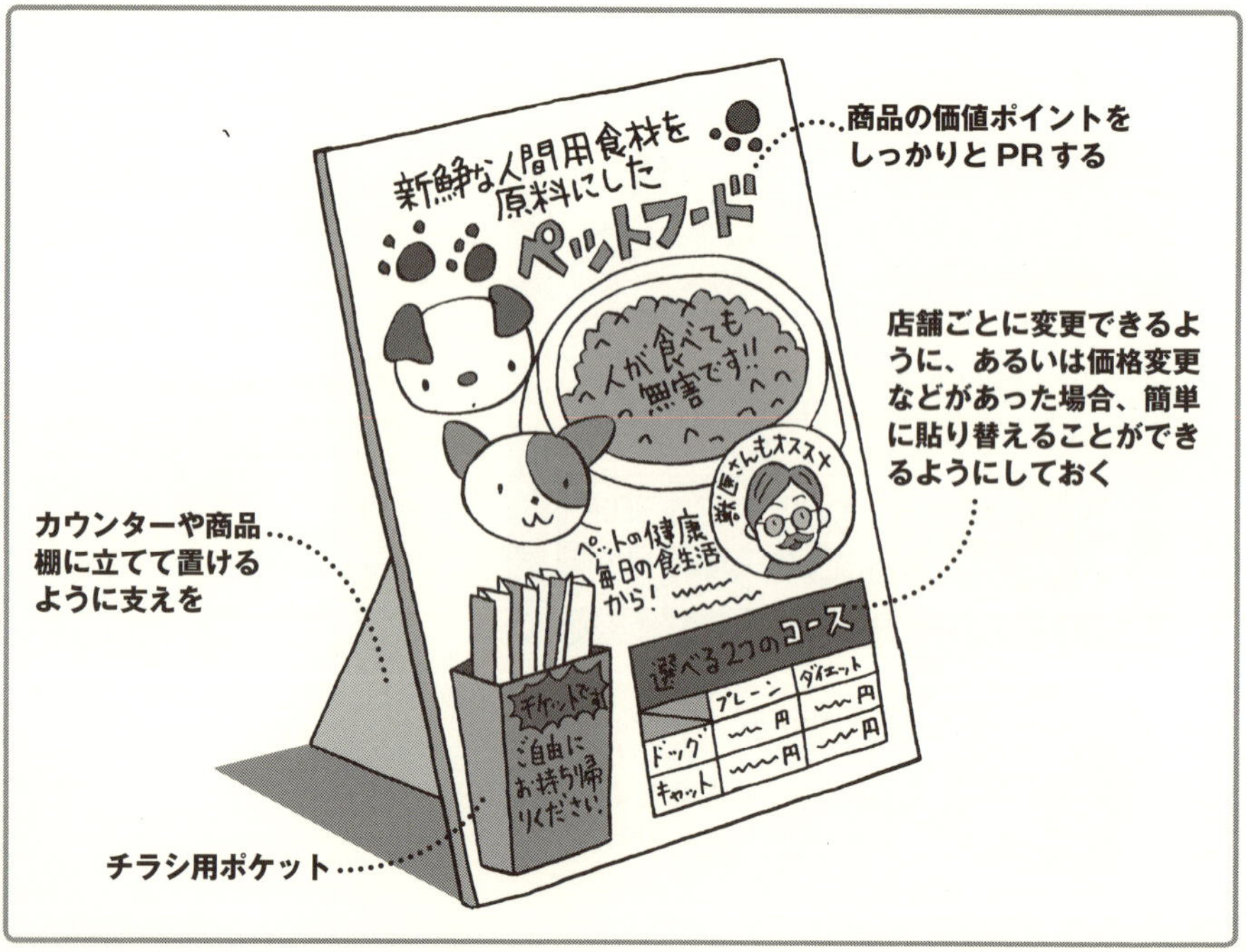

SECTION

24 ボード

店内で用いる看板

店内に設置される固定の広告スペースが「ボード」です。

そのお店の「定番」のメニューやサービスは「ボード化」することをおすすめします。

ボード化されている内容については、お客様の信頼を得ることができます。そこに書かれていることは、お店そのものの「標準装備」であると認識していただけるからです。

ボードをつくる素材や大きさは、多種多様です。

素材については、アルミ製の複合版、アクリル、プラステック、発泡スチロール……、大きさ・用途について言えば、壁に取り付けるタイプもあれば、天井から吊るすタイプ、カウンターやテーブルに置くタイプ、スタンド式で壁のように立てるタイプまで数多く存在します。

一見、工務店を入れて工事しなければできないだろうな……と思うような店内の造作でも、看板屋さんに頼めば、器用に安く仕上げてくれます。

店内からボード（パネル）を照らす「内照式」スタイル。切れた電球の交換を簡単にできるようにつくってもらえる

基本
これまでは、プライスリスト（価格）や店の利用法、サービスメニューなどの定番「システム」を説明するためによく使われてきた

応用
ベーシックな情報を伝えるだけではなく、商品の価値を伝えるための産地、つくり手、素材などの写真やコメントを表現できるスペースとしても使われるようになった

SECTION

25 カード

店内で用いる看板

会員カード、ショップカード、ポイントカード、カタログなども、それを置いておくスタンドやボックスとともに「店内看板」ととらえることができます。

特に「口コミ・紹介」を増やして売上を上げたいという方にとって、このお持ち帰り可能で、携帯性のあるカード類を看板化しておくことは、欠かすことのできないポイントです。

お客様にとって、誰かにそのお店を紹介するという行為は、意外に難しいものです。「私は気に入っている。けれども、他の人はどう思うかわからないので、それほど強くおすすめもできない……」という心理が働いているからです。

そこで、お店の外観や店内の写真、主な商品メニュー、電話番号、地図、定休日などが記載されたカードがあれば、気楽に紹介できるのです。「こんなお店だよ。私は気に入っているの。あなたもこれを見て気に入れば、行ってみて？」と。お持ち帰り可能なカードに、お店のすべてを表現し尽くして、口コミ・紹介を増やしましょう。

MEMBER'S CARD
木を感じるデザイナーズ・ハウス
県産の木を使った無骨でたくましい構造
使うほどに味わいの出る自然素材…
あなたの想いをきいてから家づくりがはじまります。
風
陽
空
地
口コミ、紹介を誘発するための重要なツール
裏面には、お客様ごとに完成した家を記念に撮った写真をレイアウトする。お客様に喜ばれ、保存性も高い。
外出中、家の話題になったときには出してもらえる可能性が高い
表面は、PRスペースとして活用。財布に入る定期券サイズで作成する

SECTION
26 ショップアイテム
店内で用いる看板

カードのほかにも、その店オリジナルのステッカー、スタッフが着ているTシャツやユニホームも看板のひとつです。

さらには、お持ち帰り用の袋（紙袋・ビニール袋）、包装紙、マッチやライター、割り箸入れや調味料入れなど、お客様の目に止まるものすべてを、「ショップアイテム看板」と呼びます。

たとえば、最近、飲食店などでよく見られる黒いショップユニホーム。日本では「黒」という色に対して「畏敬《いけい》」とか「自信のあらわれ」を感じさせる効果もあります。赤には「情熱・エネルギー」、青には「誠実・クール」、緑には「自然・安らぎ」、黄色には「希望・元気」、白には「清潔・シンプル」などの意味があります。

ショップアイテムひとつにも、自分たちの目指すものや売っている商品、コンセプトを反映させ、意味を込めてつくりこんでゆく必要があるのです。お店のコンセプトにあったデザインで各アイテムを統一させるとよいでしょう。

SECTION

4章

新規顧客がどんどん増える看板づくりのコツ

01 集客のためのベーシックな要素

●売上が5~10%下がるのは当たり前

全国平均の「転居率」は、5~10%と言われています。

(※転居率=転居世帯数÷総世帯数。県を越えての転入出率は2・2~2・3%程度、持ち家比率の低い町ほど、転居率は高くなる)

つまり、みなさんの商圏内で、1年間のうちに引っ越してゆく家族が、100世帯中5~10世帯程度は存在し、それとほぼ同数だけ、別の地域から引っ越してくる家族が存在しているということなのです。

みなさんのお店で言えば、お客様にどれだけご満足いただける商売をしていても、1年間で、1000人につき、50人から100人くらいは確実にお客様が減ってゆく……黙っていても5~10%の売上ダウンは当たり前ということになります。

転居してくるお客様のうち全員が、自分のお店のお客様になってくれれば、この数字はカバーできます。転居してくるお客様に、自店をご利用いただくために、最も現実的で効率のよい集客方法は、何でしょうか?

●看板をインプットさせる

その答えが「集客できる看板」です。

引っ越ししてきたその地で、お客様が初めて行く可能性が高いお店。それは「看板力」の高いお店なのです。

もちろん「折込みチラシ」「ポスティング」も新規顧客を呼び込むためには、有効な手段です。しかし、365日のうち、いつ引っ越してくるかわからないお客様に対して、タイミングよく投入するのは至難の業です。

お客様は、一度も目にしたことのないお店のチラシだけを見て「そのお店に行ってみよう」と思うよりも、普段、見たことのあるお店のチラシを見て、「そのお店に行ってみよう」と思うものです。

看板は「遅効性の販促手段」。それ自体で短期的な売上アップは果たせませんが、見るたびにお客様の頭の中にインプットされ、ボディーブローのようにジワジワと、しかし確実に効いてきます。そして、即効性の販促手段(チラシ、DM、営業)と組み合わさった瞬間、爆発的な効果を発揮するのです。

看板は24時間、365日、新規顧客を集め続けてくれる

新規顧客

・**転入**（引っ越してくる人）
・**集客**（他店から移ってくる人）

↓

既存顧客

売上
リピート客
客単価

↓

減退顧客

・**転出**（引っ越してゆく人）
・**死亡**
・**ライフスタイルの変化**
（その商品、サービスが必要なくなる人）
・**離反**（他店に移ってゆく人）

新しい街だ
おっとよさそうな魚屋があるな！
鮮魚
中西水産
中西水産
引っ越しま〜す
おせわになりました〜
バイバ〜イ

SECTION

02 わかりやすく業種イメージを伝える

●「何屋さん」かをはっきり伝える

お客様が一見して「何屋さんであるかわかる」ように看板をつくることも、新規顧客を集めるためには重要な要素です。

その業種のライフサイクル（102ページ参照）に適した内容を選んで、時代の流れに乗ることは「味付け」として必要ですが、一瞬で「何屋さんであるか」を訴えることは、どんな時代も共通の原則です。

「何屋であるかわからないようなお店」で繁盛しているお店は、ライフサイクル「安定期」にあるほんの一握りの、誰もが知っているブランド化された有名な店舗か、「商売」ではなく「道楽」（＝その店で収入がなくても食べてゆける状態）の店舗かのどちらかでなのです。

●「ぱっと見ただけで」業種イメージを伝える方法

業種名・商品名そのものを言葉として表示する：みなさんの周りの大手チェーン店を見渡してみてください。業種名や商品名そのものを屋号として使い、看板としているお店が大きく成長していませんか？　「洋服の青山」「餃子の王将」「車買取りのガリバー」など、実は、枚挙に暇がないほど多いのです。かなりの「ベタ」な表現になりますが、わかりやすく大きく業種名を入れることは、成長のポイントなのです。

業種がイメージできる写真・イラストを活用する：文字を表示するのではなく、その業種をイメージさせる写真を大きく入れることで、お客様に「ソフトな感じ」で業種イメージを伝えます。美容室などライフサイクル衰退～安定期にあり技術のよさを「セールスポイント」にしたいお店でよく使われる手法です。

オブジェ・造形物で立体的に業種を示す：大きなフグのオブジェのあるフグ料理専門店、巨大ゴリラが建物に登っているパチンコ店、チーズのかたまりのオブジェを店頭に掲げているチーズ専門店等々、「えっ!?」と思う珍看板をつくっているお店も不思議と繁盛していませんか？　もちろん、普通の看板と比べれば、製作コストもかかるのですが「看板へのこだわり＝商売繁盛」を証明する事例です。

業種イメージ以上のことが伝わる看板

具体的に「何を売っているのか」を表示したサブ看板

メイン看板に魚好きな店主のイラストと海の波をデフォルメしたイラストを活用

木材で外壁を覆う

酒樽、枝ものの植物で「海鮮」感を演出

店外から調理スペースの職人さんの動きが見える（しかし、店内のお客様は見えない）ガラス面と壁面のバランス

店内、および店頭に市場風の照明を活用

「産地直送」という手アカのついてしまった言葉を看板にするのではなく、ひとつ深く掘り下げて「○○漁港」「××漁港」と具体名を列挙した看板にすることで、「産地直送」感を強めることができる

03 看板でお客様を呼ぶ「90°の法則」

●看板は通行者の目線から

「このお店の看板をリニューアルしたい」あるいは「この空き物件に看板を建てて新規オープンさせたい」……と思ったとき、多くの人は「入り口付近」に立って、店舗の正面から「どんな看板にしようか?」と検討します。しかしながら、実は、このように「店舗正面からの視点」で看板をつくってゆくのは、絶対にしてはならないことなのです。

なぜなら、それは「お客様の目線」に合致していないからです。

店の正面に立つお客様は、もうそのお店に入ろうとしているお客様です。看板が最も効果を発揮するために大切なことは、その一歩手前、つまり「お店に入ろうかどうか決めていない、迷っている」お客様へのPRにあるからです。

したがって、看板づくりを検討するときは、実際の通行者(車)の目線から、そのお店がどのように見えるのかを、何度も何度も実際に歩いたり、走ったりしてチェックし、写真を撮って、看板を出す位置や内容を決めてゆくのです。

●間口に直角の看板が効果を発揮

私は、各方向からのお客様の目線で、車客がメインの立地の場合は店舗の30~50mくらい手前から、歩行客がメインの立地の場合は10~20mくらい手前からの視認性(その物件の見え方)を確認するようにしています。

ちなみに、車に乗ったお客様の目線は、低い位置にあります。ちょうど、座ったくらいの位置になりますので、高い位置にある看板は、かなり遠くからでなければ見えません。

このようなお客様目線から、看板の掲示位置を検討してゆくと、店舗の間口に対して平行(0°)の看板は、ほとんど意味をなさないことに気づくはずです。大切なのは、店舗の間口に対して直角(90°)の位置にある看板です。お客様の進行方向に対して、自分の店舗がどのように見えるのか……を確認してから「どんな看板にしようか?」という検討を始めるのです。

お客様の目線を調査して看板のラフスケッチを作成

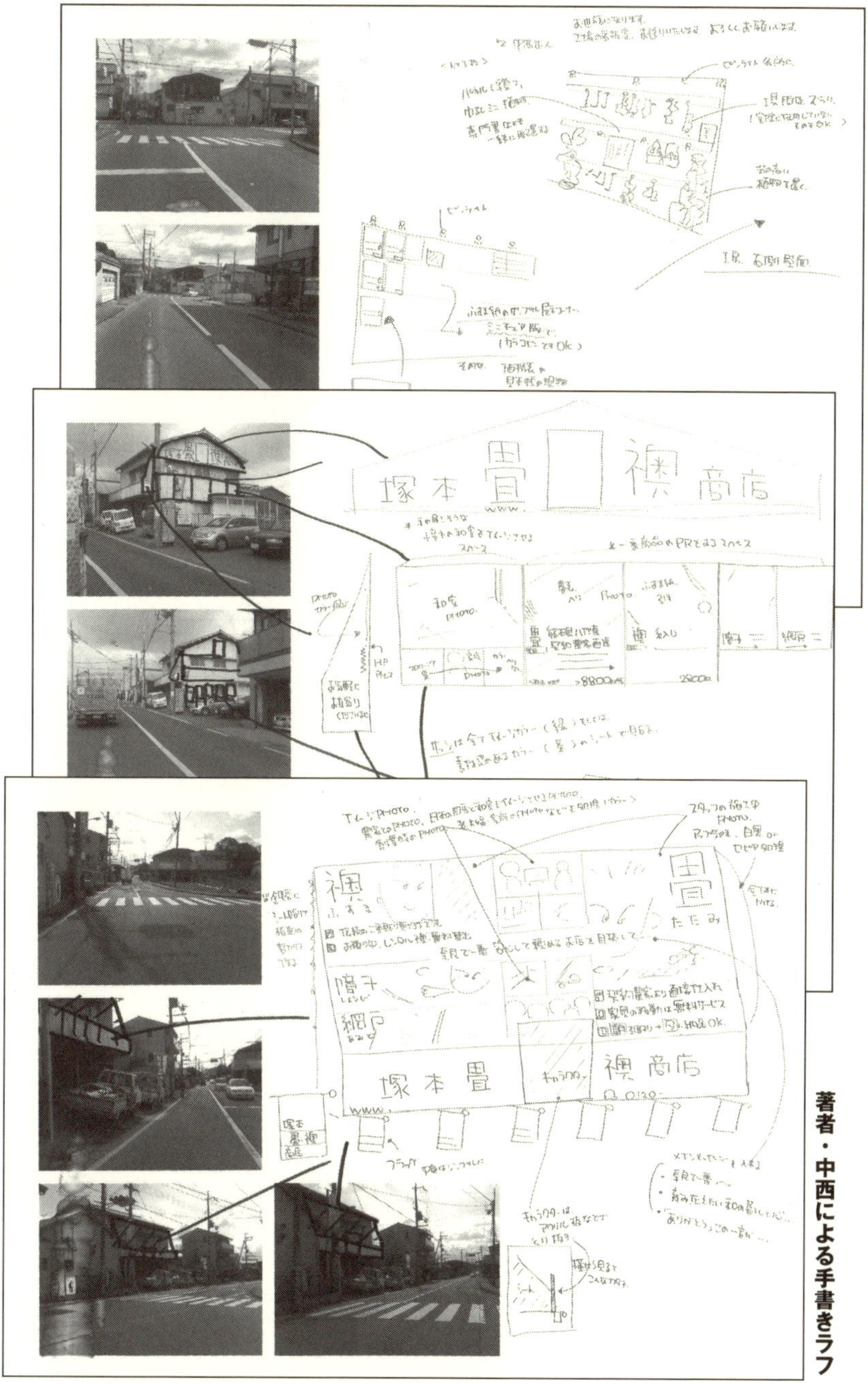

著者・中西による手書きラフ

道路から写真を撮り、自店の見え方を研究し、看板の位置、デザインを検討する

SECTION

04 完成予想デザイン、シミュレーション提案

●パソコン上でのイメージ確認

歩行者や通行車の目線から、自分のお店がどのように見えるのかを確認し、どんな位置に、どんな内容のフレーズを入れ、どんなデザインにするかを決めるための検討材料としたいのが「完成予想デザイン」です。看板業界では通称「シミュレーション提案」と呼ばれています。

シミュレーション提案とは、実際にお客様目線で撮った写真の上に、パソコン上で看板のイメージデザインを重ねてゆく作業のことです。

これによって、看板・建物自体が目立つかどうか、文字はどのくらいまで読めるか、カラーリングは町と調和しているか（あるいは目立っているか）ということを、ひと目で理解することができます。

●希望をどんどん書き入れる

まず、責任者であるあなた自身が手書きレベルで、こんな位置に、こんな看板をつくりたいな……というラフ・スケッチを写真の隣に書き込んでゆきます（前ページ参照）。

3章でご紹介した各種看板のことを頭に入れながら、配置してゆきます。どんな素材にするか、どのくらいのコストがかかるか、大家さんの許可が取れるか、市町村の法令内かどうかなどの要素については、まずは考慮に入れずに、どんどん書き込んでゆきます。

それを看板屋さんに渡しておけば、シミュレーション提案をつくってもらえます。

きっちりとした最終的な詳細デザインは、後回しにして、まずはおおよその「お客様からの見え方」と「自分のイメージ」に近いかどうかを作成してもらい、これを元に煮詰めてゆくのです。

後ほど「よき看板製作業者と巡り会う方法」（8章）で、詳しくご紹介しますが、「集客できる看板」づくりが得意な看板屋さんでは、希望すればこの「シミュレーション提案」を出してくれます。

見積書とともに看板屋さんを選ぶときの判断基準にすればよいでしょう。

イメージどおりの看板をつくるための必須ステップ

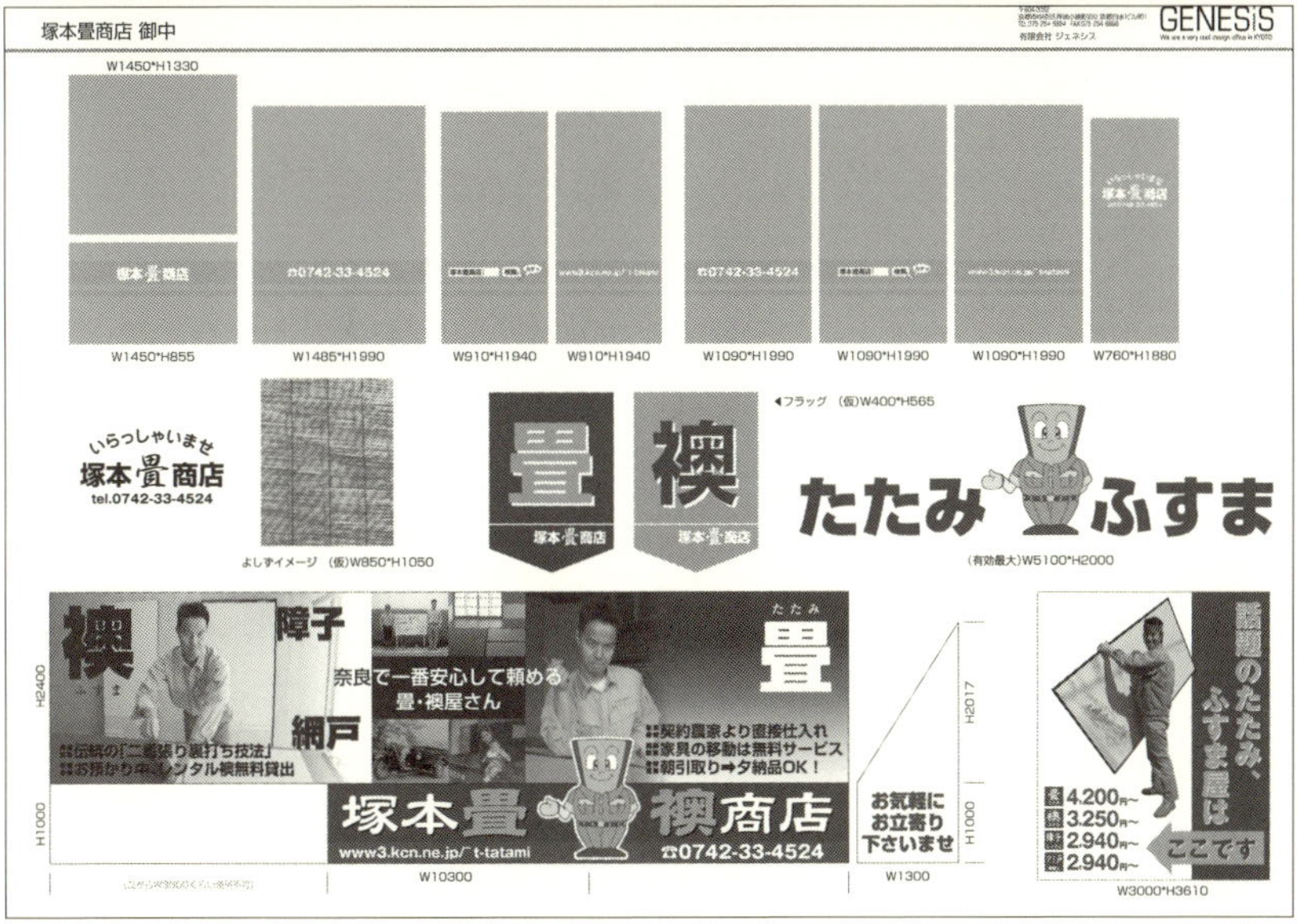

前ページの手書きラフスケッチが看板屋さんによって、このような完成予想デザインとなって仕上がってきます。
上の写真は看板完成後の写真のように見えますが、実はパソコン上で現在の建物の写真の上から看板デザインを貼り付けた「シミュレーション提案」です

SECTION

05 ライフサイクルに対応した看板づくりⅠ

人が生まれて、成長し、ピークを迎え、やがて死んでゆく……これと同じように、あらゆる商品、業種・業態には「ライフサイクル（命の周期）」があります。人口（消費者）が永遠に増え続けない限りは、いつまでも同じ商品を同じ売り方で、売れ続けることはありません。

あなたの商品、業種・業態が、今どのポジションにあるのかということをマクロ（長期的視点）にとらえ、現在のそれに適した売り方、看板づくりを実行し、さらに5年先の来るべき時代に備えれば、怖いものはありません。

●ライフサイクルに応じた活性化セオリー

導入期：人で言えば「幼年期」。

新しい商売を「産み出す」アイデアや開発力、それに身を投じる度胸が必要です。当たれば大きいが、失敗の数も多いという時期です。マス広告（CM、雑誌等）で、その存在がお客様の役に立つものであることを知らしめることが必要です。

したがって看板は、その「業種名」「業態名」と「店名」を大きくPRしたものが最適です。自社の敷地以外への看板掲出（野立て看板、駅看板、電柱看板）も積極的に行うことで、知名度を一気に引き上げる看板戦略が必要です。

成長期：伸び盛りの「青年期」。

市場の成長スピードに、事業者の数が追いつかない時期で、実行すれば儲かるので、当然、参入業者も多くなります。

価格と価値（何をいくらで買えるのか）をわかりやすく提示し、ピンからキリまで何でも揃う「総合力」を、圧倒的なPR量でお客様に伝えるとお客様が集まります。

この時期に「顧客名簿数」を増やしておけば、後の後退期、安定期に「リピート顧客」を集めて売上をつくれます。

この時期の看板は「何がいくらで売られているのか」という品名、価格が一見してわかることや、品揃えのボリューム感がどのくらいなのかということを重点的にPRするものが最適です。

ライフサイクルに適応することが商売のコツ

名称	導入期	成長期	ピーク・後退期	安定期
ライフサイクル曲線	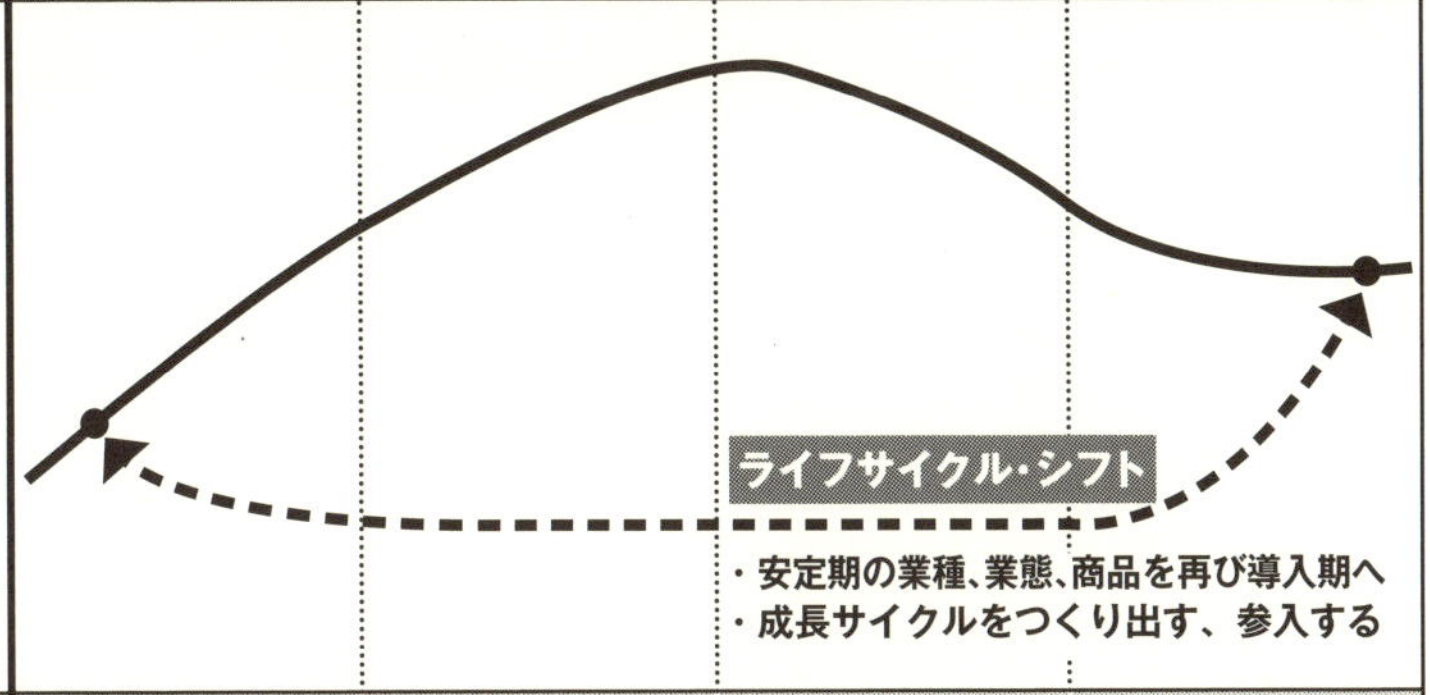			
人間なら…	幼年	青年	壮年	熟年
商品・売り方の普及率	低い ← 100% → 高い（2回目以降の購買）			
お客様の買い方	新しい、珍しい、私も体験したい	よい悪い、多い少ない、何でも揃う	自分のほしいもの、好み、予算に合う	価値観・コンセプトが合う、あの人から買いたい
活性化のポイント	アイデア、開発、早期参入	ピンキリの品揃え、総合化、圧倒的なPR力	差別化（専門化）、一番化（商品、商圏、客層）	人財力、個別対応（単人管理）
有効な販促手段	CM、雑誌〈マス広告でイメージ定着〉	チラシ、ポスティング〈商品価値、価格を伝える〉	ダイレクトメール〈絞り込んだ広告法〉	接客、営業力〈お客様と親しくなる〉
リーダーの資質	度胸と発想力	勢いと実行力	緻密さと設計力	理念、哲学と育成力
現象	当たれば大きいが、失敗することも多い	市場の成長スピードに店舗数が追いつかない（参入が多い）	需給バランスが崩れ、特長を出したところが生き残る	お客様が人につく。売る人によって差が大きくなる

SECTION

06 ライフサイクルに対応した看板づくりⅡ

ピーク・後退期：ピークを迎え、同時に衰えが始まる「壮年期」。大型化・低価格化・多店舗化がすでに始まっており、市場は飽和状態となっています。

お客様の購買経験が増えることで「自分のほしいものが、より品揃えされている」お店で買い物するようになります。自社の長所を活かし、商圏（どこで）、商品（何を）、価格帯（いくらで）、客層（誰に）を、明確にして、徹底的に深めた「差別化」戦略が功を奏します。「××で有名」「××の品揃えではナンバーワン」というお店や会社づくりをしなければなりません。

看板の内容もこれに対応して「商品そのもの」のよさをPRしたものや、「名物商品」「ナンバーワン商品」をPRしたものに絞り込んだほうが、集客できるようになってきます。

安定期：人で言えば、円熟の「熟年期」。市場は縮小・安定傾向に入ります。お客様の好みは多様化し、「自分の価値観に合うお店で買いたい」「あの店員さんのように生きたい」というお客様が増えます。スタッフの質による業績の差が大きくなり、リーダーには、人材を育成するための理念や哲学（経験に基づいた価値観）が求められます。新規顧客の獲得が難しくなり、既存顧客ごとに完全個別対応できる販促や接客力が、活性化のポイントとなります。

「看板は看板、建物は建物」と分けて考えるのではなく、建物そのものからこのお店の考える「世界観」や「コンセプト」を感じることができるような店舗づくりが必要となります。

一般的に呼ばれる「看板」の量は少なく、一見して何屋さんかわからないような店舗のほうが、インパクトが出せるのもこの時期の特長です。

●ライフサイクルにあわせて定期的なリニューアル

看板には「これでいい」という完成系はありません。どんなにすばらしい看板をつくっても、3年もすればその看板による集客力は落ちてきます。定期的な看板リニューアル経費を、店の損益計画に織り込み、ライフサイクルに対応した「生き残る」看板をつくりましょう。

ライフサイクルに適応した看板づくりの例

●導入期
業種・業態やイメージを伝える

テニススクールの場合

業種名、社名を大きく表示

焼肉店の場合

業種名を大きく表示

●成長期
品揃えの多さと安さを伝える

テニススクールの場合

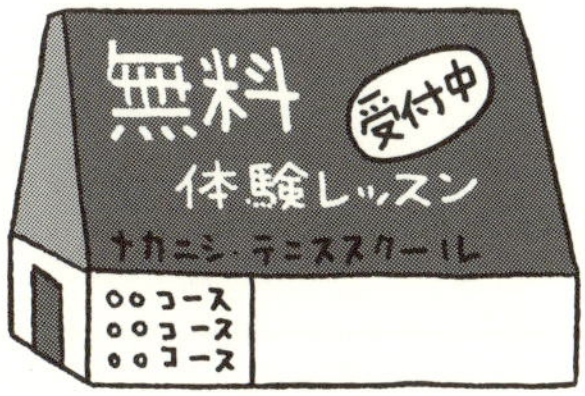

コースの品揃えと集客できるサービスを表示

焼肉店の場合

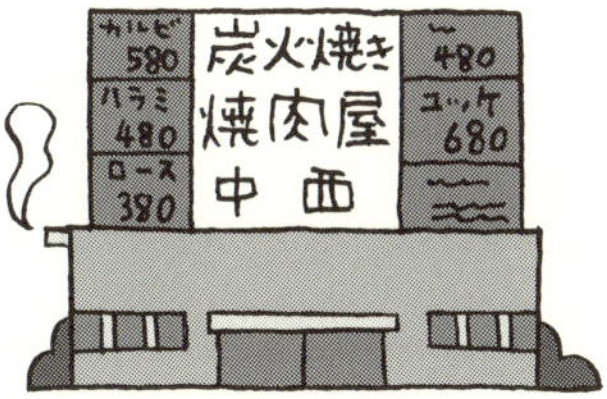

個別商品と価格を表示

●ピーク・後退期
商品・サービス・客層を絞り込む

テニススクールの場合

重点強化コースを大きく表示

焼肉店の場合

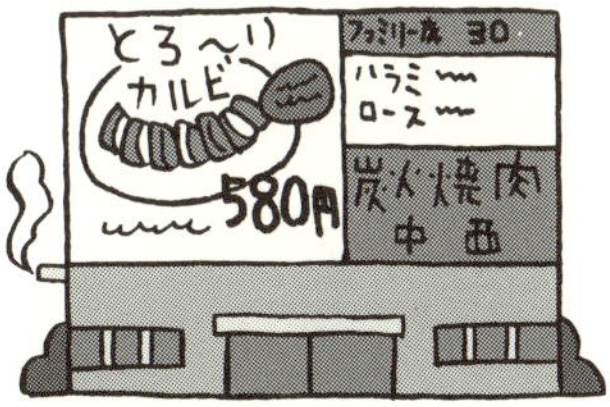

一番売れている自信のある商品を表示

●安定期
看板は建物そのもの、人そのものとなる

テニススクールの場合

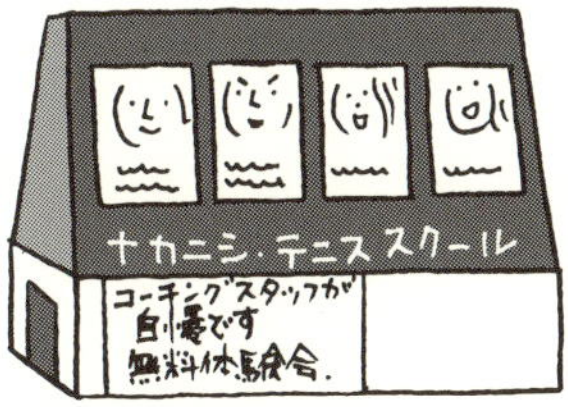

コーチたちの写真を大きく表示

焼肉店の場合

和風旅館のような店構えと素材感のある看板

SECTION

07 建物自体を看板化する「建看法」

みなさんの身近にある、いわゆる「繁盛店」をいくつか思い浮かべてください。

「建物自体が看板の役割を果たしている」という特長はありませんか?

言い換えれば「建物は建物、看板は看板」と分けられていないということです。私は、これを「建物看板化法」、略して「建看法」と呼んでいます。

●建看法の手法

建物を看板化する具体的な着眼点について、部分ごとにまとめてみます。

建物の壁面：ペインティング（塗装）を施すこと、壁面を覆うように看板面をつくること。少なくとも、建物そのものの壁面の面積よりも、看板（塗装）面の面積のほうが大きくなるくらいのスペースは確保したいものです。

建物の柱：むき出しのままではなく、ここもイメージカラーのシートなどで覆うと「建物」と認識してもらえるようになります。

ガラス面のサッシ：サッシの色はだいたいが決まりの色合い（茶系統のカラー）です。これをそのガラス面の上に付けたメイン看板と同じ系統のカラーにまとめると、店全体に大きくまとまりがあるように見えます。サッシにカラーシートを貼り付けることでできあがります。

建物の躯体：突き出した位置（通行者に対して直角の位置）に看板スペースを確保します。袖看板や突き出し看板、ボード、手軽にできるのぼり、バナーなどの設置スペースをつくります。

建物の上部躯体：強度計算をしてもらったうえで、建物上部に「ハリボテ」状態のパネル看板をつくり、建物自体を大きく見せます。出入口の高さと等しいくらいの高さを確保します。

また一方で、「アンティークなレンガ造りの洋館、蔦《つた》がからまった窓、店舗前に停めているレトロな車……」このような店舗は、看板が全面に出ていなくとも「建物自体が看板の役割を果たしている」と言えます。

柱・壁面、シート・立て看板のベースをメイン看板と同じカラーでペインティング。バナーを突き出した位置に出す

建物上部に「ハリボテ」状態の看板を設置。壁面全体を覆う看板

SECTION
08 「集客商品」看板で客数を増やす

すべての取扱い品目のうち「販売個数の多い商品」のことを「集客商品」と呼びます。

一般的に、低単価（価格が安く）で、高頻度（お客様が頻繁に買う）の商品であることが多いようです。

例えば、宝石店で言えばピアス、写真館で言えば証明写真、園芸店で言えば球根や苗、住宅リフォーム店で言えばふすまや障子、洋菓子店で言えばシュークリーム、仏具店で言えば線香や数珠……がこれらに当たります。

集客商品看板は、これらの商品の「品名・価格・写真（イラスト）・価値ポイント」を一枚の看板に盛り込みます。「丈夫なチューリップ球根・1個48円～・咲き方&カラーが選べる100種類！」「カマンベールチーズシュークリーム・100円・フランス直輸入の無添加素材でリピーター続出」という具合です。

●「集客商品」看板をつくることのメリット

お客様が買いやすい商品であるため、来店頻度が高まり、客数が増えます。したがって、その分、来店頻度が低い商品に力を入れるよりも「お店全体の業績アップ」に要する期間が、短くてすみます。

集客商品は、規模の大きなライバル店が、非効率で儲からないという理由で、あまり力を入れて売っていないことが多く、差別化の突破口となります。

集客商品を購入してくれたお客様が「一番安い○○が、あれだけおいしいのだから……」と、高単価で、高利益のとれる商品を購入してくれる可能性が増えます。つまり、集客商品は、あなたが本当は「売りたい」と思っている商品を買ってくれるお客様予備軍をつくるための「きっかけ商品」なのです。

集客商品を多く購入する客層は、その業種に対してお金をよく使う「エクセレント・ユーザー（優良顧客）」であることが多いのです。

最後に、お客様は、そのお店や会社のすべてを、この「集客商品」で判断していることを忘れないでいてほしいのです。その品質が悪いと他の商品まで品質が悪い、品揃えされていないと他の商品まで品揃えが悪い……というイメージが定着してしまいます。

集客商品にこそ、お店の魂が宿る

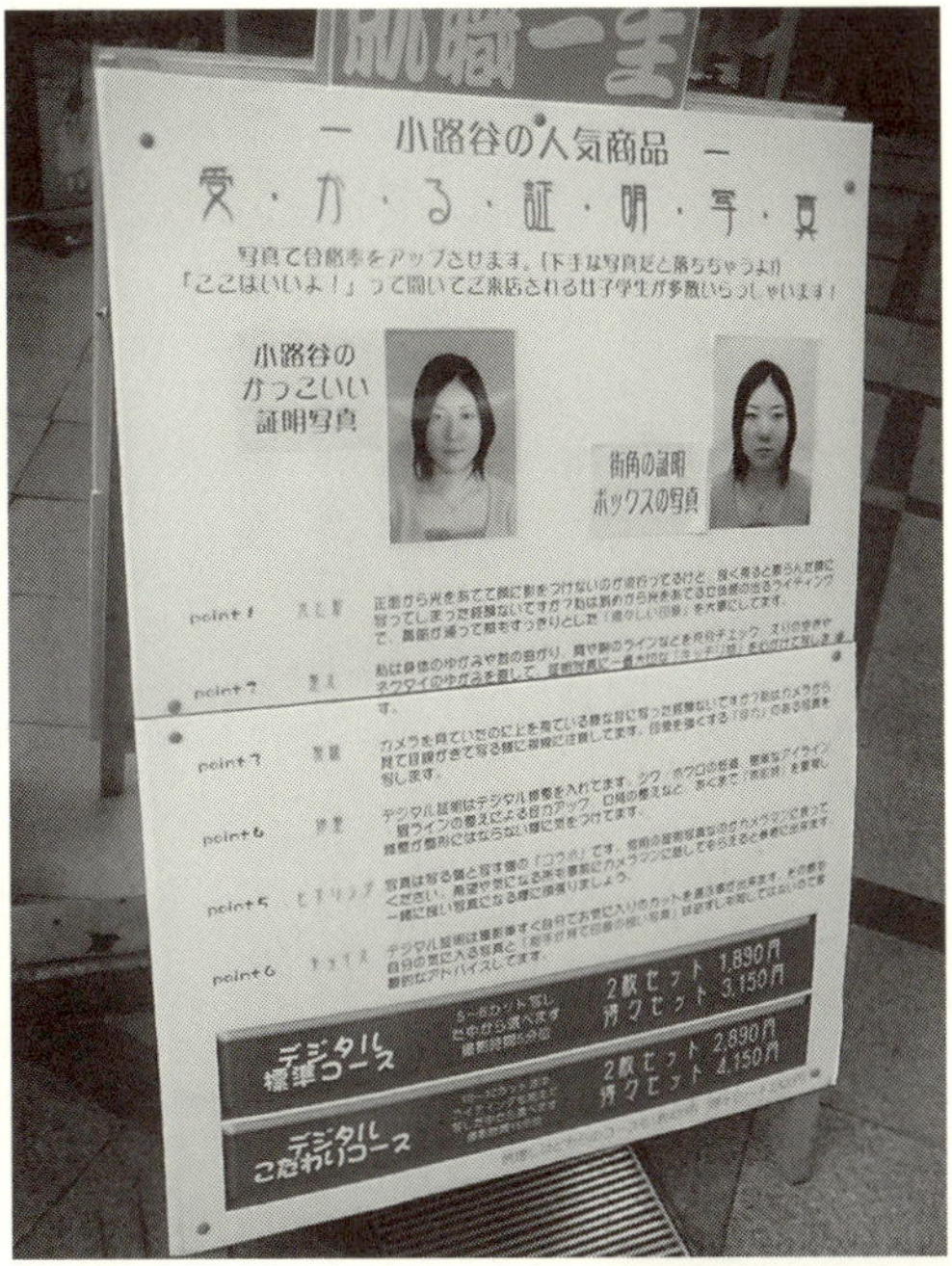

写真館の「集客商品」である証明写真。ただの「証明写真」ではなく「受かる証明写真」という商品。価値ポイントが 6 項目・18 行にわたってしっかり PR されている

集客商品看板は客数アップのための切り札的存在！価格だけの PR でなく価値の PR を

クリーニング店の「集客商品」であるワイシャツ。価格の安さだけではなく、「お湯で洗うこと」「のり加減を選べること」を PR しています

SECTION

09 誘客要因となるフレーズで新規顧客を呼び込む

●看板でわかるお店の特長

店舗の外観は、新規客を呼び込むことが目的ですので、看板にも「誘客要因」となるフレーズを入れます。「誘客要因」とは、その名の通り「お客様をお店に誘い込むための要因です。つまり、お客様が「店に入ってみよう」と思うフレーズを、店の外側でPRすれば、新規のお客様が増えるのです。誘客要因に最適なフレーズをあげてみます。

①集客商品

・売れ個数（注文数）が最も多い商品「シュークリーム・1個120円（洋菓子店）」「ご戒名の追加彫刻・1体30000円（墓石店）」

・季節ごとによく売れる商品「網戸張替え・1枚2000円（金物店）」「七五三写真・撮影料0円（写真館）」

・初めて来たお客様がよく買う商品「ネクタイ1980円（衣料品店）」「シングル1泊8000円・朝食サービス付（ビジネスホテル）」

②特長をあらわす言葉

・品揃えの数「全国地酒3000種類（居酒屋）」「RV車200台の品揃え（中古車店）」

・名物商品「チーズケーキがおいしい店（喫茶店）」「海に溶け込む露天風呂（旅館）」

・営業時間「夜10時まで営業（食品スーパー）」「土日祝も営業（書店）」

・スピード「60分仕上げOK（DPE店）」「機種変更15分で完了します（携帯電話店）」

・モットー「笑顔！　あいさつ！　元気！（クリーニング店）」

・立地条件「この先○○インター入り口まで、ガソリンスタンドはありません（GS）」

あなたのお店や会社が「何屋であるのか？」ということを目立たせた上で、「その業種の中でもどんな特長があるのか？」ということまでも、外から見ただけでわかるようにします。また「まごころ込めた……」などという抽象的なフレーズではなく、それが実際に具現化したお客様のメリットになることを伝えることがポイントです。

誘客要因となるフレーズの入った看板例

受注の際、お客様によく聞かれること＝「家具の移動」「仕上がり時間」を看板にしています

集客サービス看板…初めて利用するお客様が気にすること、要望の多いことを看板にPR

お客様に対してはもちろんのこと、スタッフに向けても効果のある内容を入れたガラスシート看板。「看板に偽りなし」を実現するために全員で取り組める

SECTION

10 看板の弱点を補う「動き」のある看板

●風景と同化してしまう看板の弱点

看板の一番の弱点は何でしょうか。それは、時間が経つにつれて「町の風景に同化してしまう」ということにあります。

はじめは看板にインパクトを感じていたお客様も、長年その看板を見ているうちに、日常風景の一部として認識するようになってきます。それは、知名度が浸透してきた証拠でもありますが、新規顧客を集客する看板力は鈍ってきます。

また「風景との同化」を防ぐため頻繁に看板を替えようにも、一度、看板を取り付けてしまうと、コスト面から簡単に付け替えることができないという点も大きな問題です。

これらの弱点を補い、継続的に新規顧客を呼び続けるコツは「動き」をつくり出すことにあります。

①物理的な「動き」をつくる

「のぼり」や「フラッグ」をパタパタなびかせる、「ライト」をくるくる回す。

②店頭のＰＲ内容に「動き」をつくる

一定の頻度で店頭においてＰＲしているものが、変化していることも大切な「動き」のひとつです。

店舗や看板をつくる際に、あらかじめ張り替えることのできる「可動スペース」をつくっておいて、そのスペースの中身をローコストで、定期的に変化させてゆくと、お客様の目に止まりやすく、看板による集客力をキープし続けることができます。

●お客様は新しいものが好き

よく喫茶店の店頭に出ている「日替わりメニュー」のボードにはじまり、最近では低価格で入手可能となったインクジェット出力による「シート」や「垂れ幕」に至るまで、様々な看板アイテムで「動き」をつくることができます。

お客様は「新しいもの」が好きです。

一度、看板をつくってしまったら「それで完了」ではなく、常に新しいものをＰＲし続けることを前提とした看板づくりを心がけたいものです。

看板は可動スペースをつくって定期的に変化させる

その他の季節ごとに変更するスペースの垂れ幕デザイン

2700×4500

2700×4500

SECTION 11

行列は看板である

●賑わいが人を呼ぶ

人がズラリと行列をつくって並んでいるのを見て「何をやっているのだろう?」「どこのお店だろう?」と感じたことが、一度や二度はあるはずです。そして、自分も近くに寄ってみたり、記憶の中に残っていたという経験はないでしょうか。

セールやイベントの際に、意図的に行列をつくり出すことには、大きな「看板効果」があります。人の賑わいと勢いが、さらに人を呼び込むのです。

「行列看板」をつくり出すためには、「集客にこだわった特典」を設定する必要があります。100業種以上の経営者とお付き合いさせていただき、イベントや展示会に関わらせていただいた経験則から言えば、特典を一般的な市販品にするならば、トイレットペーパーやティッシュボックス、砂糖やサラダオイルなど対象客層にとっての生活必需品を市価の3分の1程度でプレゼントすれば、確実に行列ができるほど集客できます。

入手困難な「レア品」を特典に設定することもありますが、客層にかたよりが出ることやタイミングが合わない場合もあるという問題点もあります。

●行列を続かせるコツ

看板効果を狙うわけですから、行列をつくる場所は、通行者からよく見える場所にします。

また、このような行列はお目当ての特典を手に入れると、さーっと引いていってしまいますから、ずっと賑わいが続くということはありません。そこで「集客特典」の「タイムセール化」を行います。たとえば、1000個用意した特典を、スタートと同時に一気に配ってしまうのではなく、配布時間を予告チラシなどに明記した上で、200個ずつ5回に分けて配布するのです。

特典を仕入れた分の赤字は、販促費の一部。そして、特典だけが目当てのお客様も当然いらっしゃることを理解して、実行することも肝要です。

このようにすれば、1日のうち、ほとんどすべての時間、途切れることなく「人の行列」看板をつくり出すことができます。

年に1～2度は「行列看板」をつくり出そう

葬祭ホールの見学会イベントチラシ。行列をつくり出すための特典と当日の会場の雰囲気がよくわかる紙面構成に注目してほしい

SECTION

12 店内を「見せる」ことによる看板効果

●店内が気になるお客様

看板とは、店の外側につけるモノとは限りません。

お店の外側を通るお客様は、驚くほど「店内の雰囲気」を気にかけて見ているものなので、「店内を効果的に見せること」には、大きな看板効果があるのです。

みなさんも、外から店内が見えない空間には、入りづらいのではないでしょうか？　初めての飲食店に入るときは、お客様が入っているかどうかを確認してから、入店することを決めていませんか？　想像以上にお客様が少ないと、やめておこう……という意思決定をすることも、しばしばです（お客様を店外から見えるところから埋めてゆく……というオペレーションもあります）。

●お店の中も看板になる

お店の外から見える「壁面」に何を置くか？

入り口から見える「壁面」が「店内を見せる」ための看板効果を最も発揮しやすい場所です。ここには、お店のコンセプトが最も伝わりやすいものを飾ったり、お客様が魅力に感じる物を置いたりすると集客力が高まるのです。

たとえば、ワインが自慢のレストランでは、ワインボトルを壁面にズラリと並べて間接照明で照らしています。お洒落なテイストが評判の写真館では、モデル風に撮影した写真を雑誌の1ページのようにレイアウトしてパネルに入れて飾っています。パチンコ店では、外から、出玉がたくさん出ているように見える「積み方」「箱のデザイン」にして、活気を演出しています。

店内が狭いというデメリットがあり、少しでも広く見せたい場合は、壁面に「鏡」を配置するという工夫によって、外から見た時にも、空間を広く感じさせることも可能なのです。

このように「店内の見え方もまた集客に貢献する看板である」という視点に立てば、入り口付近のガラス面は、腰の高さ以上のスペースを空けておくのが適切です。ただし、前述のパチンコ店では、お客様の顔・体部分は隠しておく必要がありますから、足元部分だけが見えるように、ガラス面をマーキングします。

外から見たときの店内は大切な看板

パチンコ店での店頭での工夫。外から積んである出玉がよく見える

店内のセンスが感じられる写真館

SECTION

13「はみ出しポイント」が集客力を高める

●はみ出しに反応する人間心理

人間は「ちょっと異なるもの」「一般的ではないもの」に、本能的に反応する心理があるようです。

公園でハトの群れを見ていても、普通のハトと違う色のハトを見ると、何となくうれしいものですし、目で追ってしまいます。

また、店舗でも商品は整然と並んでいるよりも、少しお客様が触って乱れた跡があるほうが、売れやすくなります。

人間の場合でも、長所も短所も持ち合わせた「はみ出しポイント」があるほうが、人を惹きつけます。

看板についても同様です。一般的に「看板」と言えば「四角の平面のデザイン」と認識されているお客様が多いので、これを崩したデザインの看板をつくると、通常よりも集客力が高まります。

「オブジェ・造形物」を作成するまでのこだわりと予算がなくとも、四角い平面の看板から、ちょっとだけ上に飛び出しているとか、ちょっとだけ前に出ているというだけで、簡単にお客様の注目を引くことができるのです。

●はみ出し看板のつくり方

メインの看板そのものを加工して、はみ出したポイントをつくる場合は、看板の上側にそのポイントをつくることが効果的です。R型デザインを施したり、片方だけ突き出したデザインにする等々。

またこのような方法以外にも、メインの看板に、サブの看板（イメージキャラクターや、業種を象徴するアイテムイラスト、商品名を記したボードなど）を上から貼り付けるように重ねて、はみ出したポイントをつくる方法もあります。

ものによっては既存の看板の上に取り付けることも可能なので、看板屋さんに相談してみるとよいでしょう。

通常の「四角形の平面デザイン」看板をつくるよりも、少し割高になる「はみ出しポイント」のある看板ですが、効果は絶大ですので、ぜひチャレンジをしていただきたいものです。

「はみ出しポイント」のある看板例

お客様の注目が集まる「はみ出しポイント看板」。前にはみ出したり、上にはみ出したり

SECTION

14 動く看板、効果絶大の「着ぐるみ」作戦

●真剣に着ぐるみを着る

「えっ、着ぐるみ!? ホントに着るの？？」

「そうです！ 本当に着てください（笑）」

だいたい、こんな会話から「着ぐるみ作戦」はスタートします。

そして、作戦終了後は、「いや〜、着ぐるみに、こんなにスゴイ集客力があるとは思わなかった……」という感想をいただきます。

特に、人が大勢集まる場所やイベント会場で、自分のお店にお客様を引き込みたいとき、「着ぐるみ」作戦は、非常に効果を発揮します。短期間で集客が一気に上がります。

●事例１：大学近くの不動産賃貸専門店

毎春、大学の合格発表があるとき、一人暮らしをはじめる学生向けの部屋を仲介するために、30社以上の不動産業者が大学前に群がり、チラシ配りや呼び込みの勧誘をします。しかし、学生たちも慣れたもので、チラシを受け取ることすらしてくれないのが現状です。

そのような中、「着ぐるみ」が登場することによって、一気に店名を知らしめること、カタログチラシを配ることに成功したのです。

●事例２：総合住宅展示場に出展しているハウスメーカー

総合住宅展示場内のハウスメーカーの中で、集客ランキングNO．1のライバルメーカーは連休などのイベント時に「着ぐるみ」を投入していました。

そこで私は、ご支援先にこのライバルメーカーを上回る3匹の「着ぐるみ」を投入することを真剣に提案しました。モデルハウスの玄関付近や2階に配置したところ、家族連れを集客することに見事成功したのです。

一見、ふざけたようにも思える「着ぐるみ作戦」ですが、真剣に演じきることができれば、立派な集客ノウハウとなります。

どのような位置に立てば、お客様の足を止めることができるのか？ 3歳くらいの男の子には、どんな動き方がウケるのか？ ということを研究していき、真剣に考えながら演じるのです。

真剣に演じきりたい着ぐるみ看板

大学の合格発表日、入学手続き日に登場する着ぐるみ。名前は「合格ライオン」

SECTION

15 二等立地を一等立地に変える野立て看板

●お店の前がだめならに二等立地へ

どんなお店でも「看板が有効な販促手段である」とは言えません。特に「新規顧客を呼び込むための看板」については、この傾向は顕著です。

たとえば、大通りから中に入った人通り、車通りが極端に少ない住宅街の中にある店舗や、大通りに面していても、お隣や周りのロードサイド店舗の看板があまりにも大きすぎたり、多すぎたりするケースなどでは、どれだけすごい看板をつくってもお客様に認知されにくいものです。

このような場合、建物への看板取り付けは最低限に抑え、「野立て看板」や「交通広告」に投資してゆくことが効果的です。

●「野立て看板」「交通広告」の掲出ポイント

大通りから店舗への入り口……最も基本的な掲出ポイントです。お客様が道に迷わないようにするための案内（誘導）表示としての役割も果たしています。

店舗入り口前後の大通り沿い……「〇〇まであと200m」「××交差点を右へ」など、具体的な道順を事前に告知します。特にお客様が車に乗っている場合、看板を認識してから、「このお店に入る」と意思決定し、実際にハンドルを切るまで、最低でも3秒ほどの時間がかかるといわれています。

お客様の生活導線にあわせた場所……ご利用になるお客様が日頃よく移動する道路沿いに掲出します。イメージとして、お客様が自分の商圏から外に出てゆくための道路を「野立て看板」で囲うような場所が適当です。商圏内の認知度（シェア）の向上という役割を果たします。

よい条件の立地に店舗をかまえるとすれば、必然的に家賃が高くなってしまうものです。

それよりも、見方を変えて、二等立地に店舗をかまえ、家賃を安く抑える。

その分「野立て看板」の月当たりリース料金を「家賃」と見なして、効果的な場所に大きく掲出する……という発想が必要です。

遠いエリアのシェアアップにも有効な野立て看板

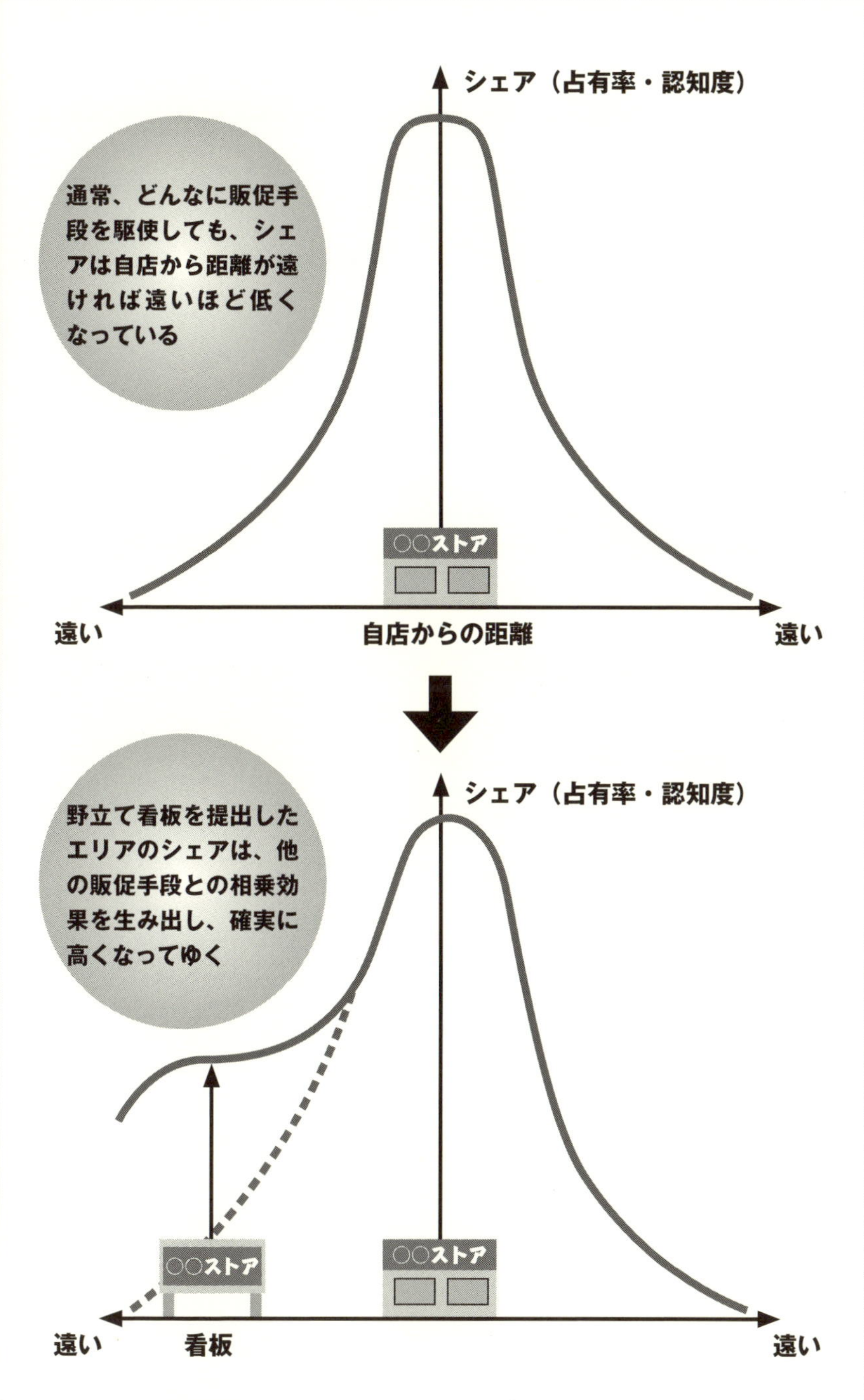
シェア（占有率・認知度）
通常、どんなに販促手段を駆使しても、シェアは自店から距離が遠ければ遠いほど低くなっている
○○ストア
遠い
自店からの距離
遠い
シェア（占有率・認知度）
野立て看板を提出したエリアのシェアは、他の販促手段との相乗効果を生み出し、確実に高くなってゆく
○○ストア
○○ストア
遠い
看板
遠い

SECTION

5章

客単価が上がる看板づくりのコツ

SECTION
01 売って、喜ばれて儲かる「おすすめ商品」看板

●売上アップの極意

　商売は、商品を売って、その対価としてお金をいただき、成り立っています。

　その結果が売上です。つまり、売上は商品をどれだけ売ったのかによって決まるのです。ということは、看板の役割は「商品を売ること」にあります。

　ところで、「売上10％アップ！」と言っても、何百点あるいは何万点に及ぶ、あなたのお店の取扱商品が、一律に「10％アップ」するわけではありません。

　10％以上の伸び率で上がっている商品もあれば、現状維持の商品もあり、下がっている商品もあり、その結果が「全体で10％アップ」となるわけです。

　数多くの商品アイテムの中で、売上アップに最も貢献しそうな商品に目をつけて、これを徹底的にスタッフ一丸となって販売してゆく……これが極意です。

●おすすめ商品が売上を上げる

　おすすめ商品の見つけ方は、「売り手にとって儲かる」「買い手にとってうれしい」商品です。この2つの視点から数字を確認してください。

粗利金額ナンバーワン商品……1年間を通じて、最も粗利金額の大きい商品です。売って「儲かる」商品ですから、あなたの店の主力商品と言えるはずです。

売上伸び率ナンバーワン商品……1年間を通じて、最も売上伸び率の高い商品です。お客様の支持が集まりつつある、伸び盛りの商品ですから、他社に負けず確実に育ててゆけば、将来、売れ個数、あるいは粗利金額ナンバーワン商品となりえるのです。

　おすすめ商品をPRする看板は、まず、ご来店のお客様全員に「認知していただくこと」が大切です。店舗の入り口、お客様の滞留スペース、客席など「必ずお客様が目にするところ」へ大きなサイズで掲示すること、さらには、接客するスタッフがさりげなくおすすめの言葉をかけることが、おすすめ商品の拡販につながります。

　これが発展すると「おすすめ商品」が、お客様がその商品を目指してお店にやってくる「一番商品」「名物商品」に変わってゆくのです。

「この商品」を目指してお客様がやってくる店をつくろう

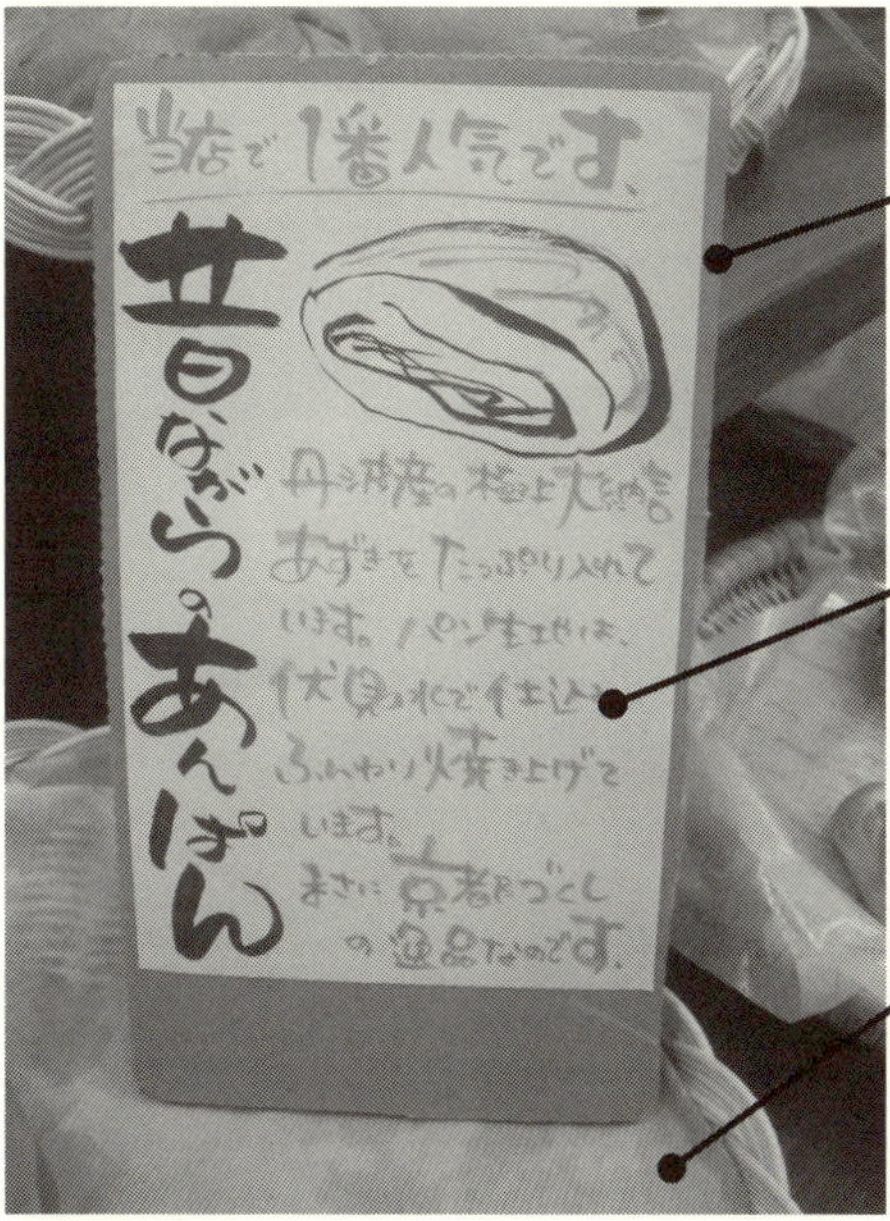

「額縁効果」でやわらかいイメージを演出

商品の価値を味わいのある筆文字で表現

竹かごに竹器も連動して看板化

看板全体に占めるおすすめ商品の割合を大きく

写真の撮り方も大切。商品の両端を見せずにアップ気味に処理するとボリューム感が出る

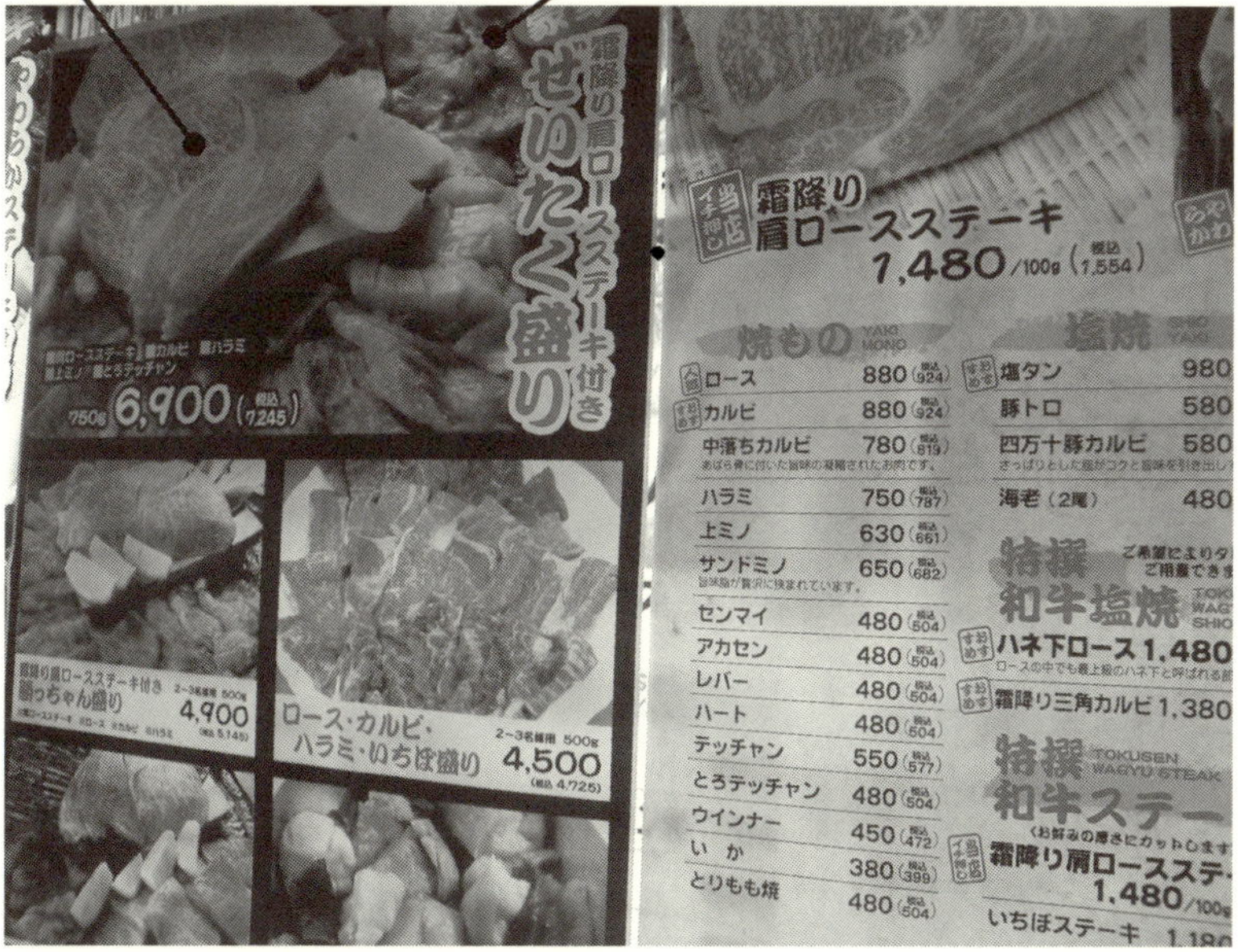

SECTION

02 ウェルカム看板で親密度アップ！

●ネーミング看板が新密度を上げる

その日、どのお客様がご来店されるのかあらかじめわかっている場合、親密度をアップさせるために効果的なのが「ネーミング看板」です。

ちょうど、結婚式でゲストを迎える「ウェルカムボード」や、観光旅館の入り口に掲げられることの多い「歓迎　○○様　御一行」の看板を、足して2で割ったようなものが「ネーミング看板」というわけです。

書き消し可能なボードを、お店のイメージに合うようデコレーションすれば、ウェルカム看板のベースは完成します。あとは、その日、ご来店予定のお客様の名前を書き込んでゆくだけです。

この方法はご来店の「予約」が入る商売なら、すべて対応可能です。

ハウスメーカーの展示場での商談予約では、個別のお客様ごとにボードを用意しています。写真館での撮影予約・引取り予約、結婚式場での相談予約、石材店でも商談予約に使っています。

●名前の呼びかけで商談がスムーズに

人は、自分の名前を呼ばれるとうれしいものです。たとえば「おはよう」のあいさつひとつとっても、ただ「おはよう」と声をかけられるよりも「○○君、おはよう」と声をかけられたほうが、親近感が出てうれしくありませんか？

この看板作戦を実行しておられるお店のスタッフが、口を揃えて言うのは「ネーミング看板を採用してから、商談がスムーズに進むようになった」ということです。「自分の名前を見つけて、ニヤッと笑って入店してくるお客様がいる」とか「ネーミング看板と記念写真を撮って帰るお客様まであらわれた」とも。

この看板は、人間の持つ最も基本的なアイデンティティのあらわれである「名前」を呼びかける看板なのです。

副産物として、店頭前を通行するお客様に「流行っているお店だなあ……」「温かみのあるお店だなあ……」という印象を与える効果もあります。

お店の前で第一印象で名前を呼びかける看板

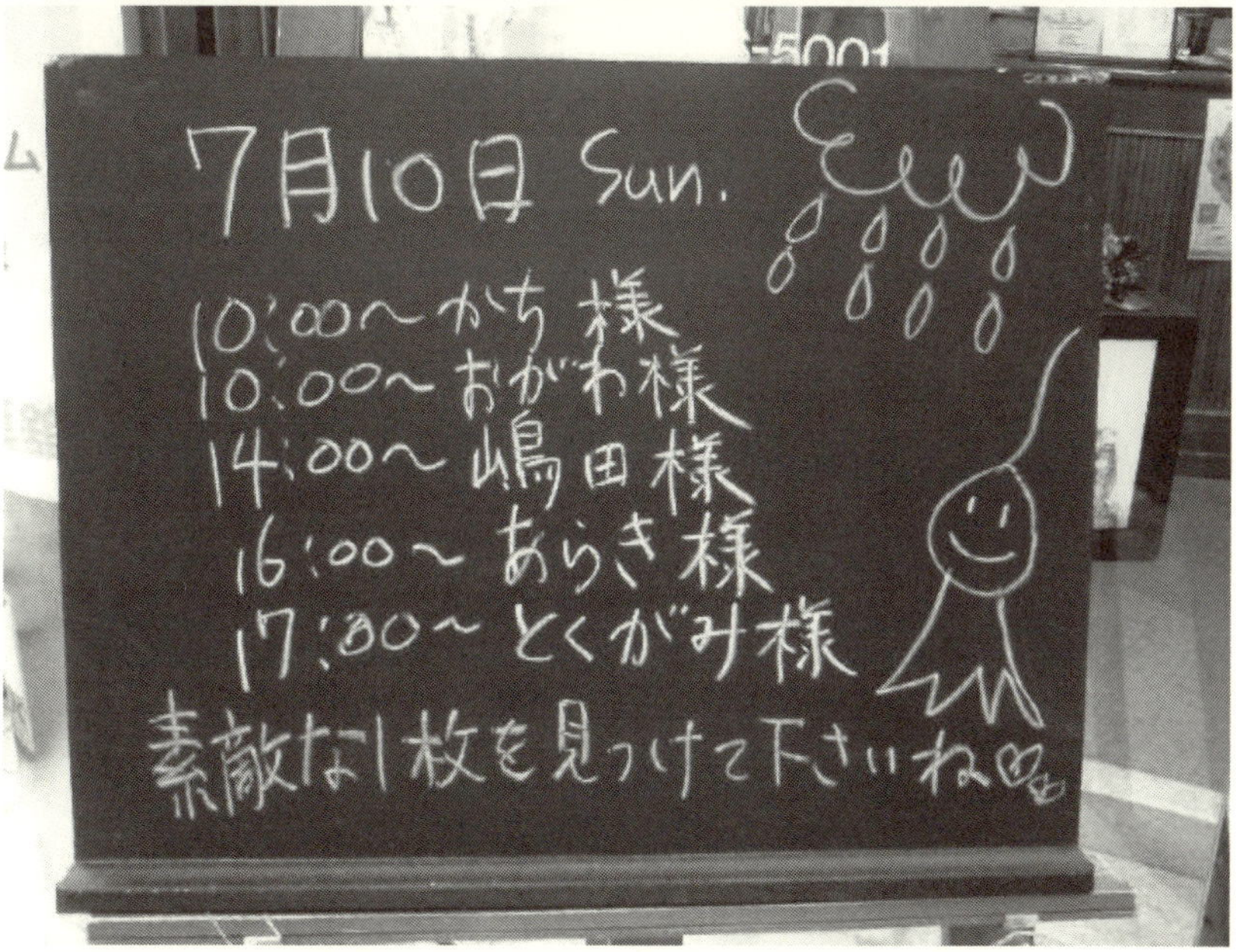

写真館でつくっている「ウェルカム看板」の例。個人情報保護の視点から、フルネームではなく、名字のみをひらがな中心で書くようにしています

SECTION

03 看板で起承転結ストーリーをつくり出す I

●ストーリーでお客様を引き込む

「慈眼寺」というお寺の中にある、絵馬やお守りなどを売るいわゆる「売店」（正式には授与所）の活性化の例をご紹介します。

参拝者に売店をご利用いただくための「ストーリーしかけ」を意図的に施し、売店への立ち寄り客数を増やすことに成功しています。お客様をワクワク・ドキドキさせて、購買につなげる原則に基づいた看板づくりをご紹介します。

●（起）原則1：特長を一言であらわすこと

門の前にある「慈眼寺」という今までの表札の隣に、「眼を慈しむ寺」という表札を追加しました。お寺の特長を事前情報として、一言で言いあらわすことで、参拝者の期待感がふくらみます。「ここは、眼にご利益があるお寺なんだ……」と。

世の中にはあらゆる商売が「氾濫《はんらん》」しています。「何でもあります」「何にでもご利益があります」とPRするよりも、ひとつのテーマに絞り込んでズバリ「こんな店です」「これに効きます」と宣言したほうが、結果的にたくさんのお客様に支持されるのです。

●（承）原則2：特長の裏づけとなる現物を見せる

門から境内までつながる参道の脇に、メグスリノキ（目薬の木）が植えられていました。これまでは、他の木と一緒に植えられていただけでしたが、説明書きのPOP看板を木にくくりつけて参拝者の目に留めることで「目にご利益のあるお寺」であることへの期待感と真実性を高めてゆきます。

お客様が購入に至るまでに目にするものが、お店の特長を裏付けるものであればあるほど、ワクワク・ドキドキ感と興奮度が高まっていきます。たとえば「鮮度」が売りの居酒屋なら入り口から客席への通路の途中に新鮮な食材を並べたスペースをつくる、「こだわり食材」が売りの食品スーパーなら入り口付近に憧れの輸入食品をズラリ並べる……お客様に刷り込んでおいた「事前情報」に真実性を持たせ、期待感を増幅させる「現物」を購入の場面までに配しておくことがポイントです。

看板で「買い物のストーリーしかけ」をつくり出したお寺

起

このフレーズを追加

期待感
「眼にご利益のあるお寺なのか…」

承

説明書きを加えた看板を作成

真実性
「なるほど、本格的だぞ」

転

売店への「立ち寄り率」を上げるための看板を作成

限定感 お得感
「ここでしか買えない」「無料、ラッキー!」

結

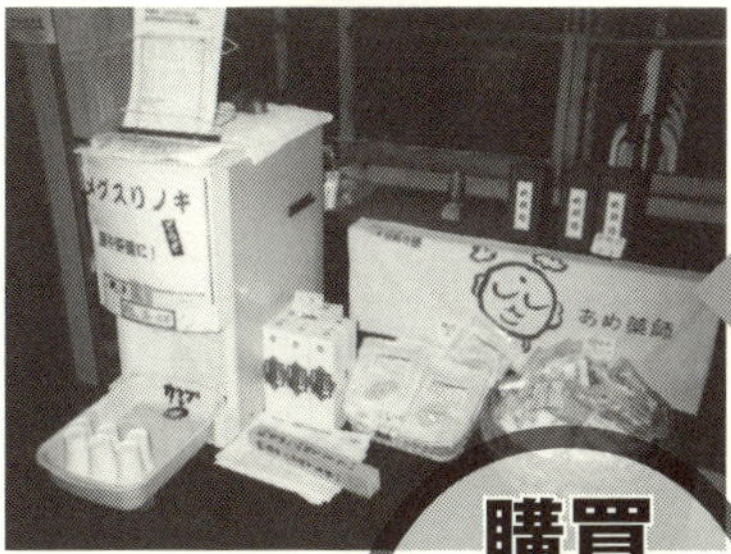

試飲コーナー周辺に売れ筋の商品を並べておく

購買
「せっかく来たんだし」「無料で試飲させてもたっし」

SECTION

04 看板で起承転結ストーリーをつくり出すⅡ

●（転）原則3：お客様を引き込む「磁石売場」

本堂への参拝を終え「さあ帰ろう」と、くるりと振り返ると「目に効くお茶・無料でふるまい中、こちら→」という看板が目に入ってきます。

売店の中に「無料試飲コーナー」を設けたのです。以前は、売店への立ち寄り率は20％に満たなかったのですが、コーナーをつくった後は、立ち寄り率が3倍以上になりました。つまり「半強制的」に、売り手側が意図する場所へとお客様を引き込むことができるのです。

お客様が吸い寄せられる売場（コーナー）を「磁石売場」と呼びます。

お客様にとって魅力的なコーナーをどこに設けるかによって、お客様の動き方（客動線）は、コントロールすることが可能です。

たとえば、お客様を2階に上げたければ、景品の引き換えコーナーを2階に設ける、階段の踊り場付近に魅力的な商品を配する、2階以上のフロアに書店や１００円均一ショップ、映画館など集客力のあるテナントを入れてシャワー効果を狙う（シャワー効果：一度お客様を最上階まで上げ、下に降りながら買い物をしてもらう効果）など。スーパーの卵売場が、店の奥の方にあることが多いのも「客動線を長くして買い上げ点数を増やす」という「磁石」効果を狙ったものです。

●（結）原則4：何を買ってもらいたいのかを明確にする

「目に効くお茶」の無料試飲コーナーの周りには、「このお茶はメグスリノキを煎じてたてたものです……」という説明書きに加え、お茶の葉・目の飴など、よく売れていた「目」関連の商品を大量にボリューム陳列しました。さらには、お買上げのお客様のリピート需要にも対応できるよう、通信販売のご案内を商品に同封しておきました。

商品は、ただやみくもに並べるだけ、かっこよく見せるだけでは、売れません。お客様に、まず何を見せ、どこを通ってもらい、何を買ってもらうか、そしてその後のリピートにどうつなげてゆくかという売場での一連のストーリーをしかけておくことが必要なのです。

入り口付近で期待感をふくらませる「アイテム看板」

焼肉店の例。入り口付近にご飯を炊く「かまど」と炭に火を入れるためのコンロコーナーを配置して「本格派」であることを感じさせます。厨房内も土づくりを思わせる赤茶色と丸みをもたせたアイランドが目をひく

お店の特長の「裏付け」となるアイテムを見せることで、お客様の期待感が高まる

写真館の例。今は現役を引退した旧型のカメラがお客様を静かに見守る。積み重ねてきた信用、歴史、伝統などを感じさせる大切な看板となります

SECTION

05 人の五感に訴える商品看板法

●現物体験に優るセールスなし

お客様に買っていただきたい商品を、効果的に販売するためには「商品の現物展示」がおすすめです。ご入店されたお客様を対象に「こんな商品を買っていただきたいな……」と思う商品を全面に出して「看板化」するのです。

商品を看板として活用すると、速効的に「人の五感」に訴えることができ、単価のよいものが売れやすくなるのです。

言葉だけで説明する（＝聴覚に訴える）よりも、ポスターやメニューなどで「ビジュアル」に訴えて説明する（＝聴覚＋視覚に訴える）ほうが、お客様の心に届くものです。

商品そのものを看板として展示すれば、五感のうち残りの三感（嗅覚、触覚、味覚）にまで訴えることができ、さらに伝わりやすくなります。

●五感に訴える活用法

①商品のハダカ化

パッケージに入った状態ではなく、可能な限り中身を露出させて、展示するようにします。

ビニール袋や紙袋から商品を取り出して展示することはもちろんのこと、応用して考えれば、たとえば、書籍なら「背表紙」を見せるよりも「オモテ表紙」を見せる、さらには「中身のページ」を開けた状態で見せる……ということも「ハダカ化」です。

②ボリューム陳列

商品を大量に、立体的に陳列することで、注目度をアップさせる展示方法です。売上分析の後、売れ筋のカテゴリーの中から「売って儲かる」人気商品を選んで重点販売します。

③補助ＰＯＰ、声かけ

商品の価値や特長をよりわかりやすくお客様に伝えるためのＰＯＰ、ポスターを周りに配置したり、スタッフが直接お客様に「こちらの商品は、いかがでしょうか？」という声かけを行うことで、販売個数は上がっていきます。

商品そのものを看板化する

商品そのもの＋店主の声が今にも聞こえてきそうなPOP＋竹・こけむした石…すべてが一体化されて看板化されています

クリーニング店での「福袋セール」。1980円で袋の中に詰め放題というイベント。「これほどの量が入る…」ということを看板化

クリーニング店での毛布の看板化

SECTION

06 お買い上げ商品点数を増やす看板

●ひと声かけて点数アップ

客単価を上げるための着眼点。

お買い上げの商品点数を上げるためのしかけについて説明します。

お買い上げの点数を増やすためのポイントは、お客様に「お買いお忘れありませんか？」「せっかくだから！」「ついでにこちらもどうですか？」とさりげなく問いかけることにあります。

例えばこんな声かけがあります。

ファミリーレストランで、ドリンクバーはお付けいたしますか？

洋服店で、スーツを買ったお客様に、ネクタイやワイシャツのお買い求めはお忘れではありませんか？　スーツに合わせたネクタイをご紹介いたしましょうか？

写真館で七五三撮影を終え、写真を選んでいるお客様に、パパ・ママのご実家へのプレゼント分はどうされますか？

焼鳥屋さんで、名物の宮崎地鶏の溶岩焼きはもうご注文されましたか？　お口直しのデザートはいかがですか？

●ポイントを絞って狙う

買い物をしていて、つい点数が増えてしまう「せっかく来たんだから……、買い忘れのないように帰ろう」というお客様心理に「カチっ！」と火をつける看板をつくるというわけです。

この看板（ＰＯＰなど）、気をつけるべきポイントは、あれも買ってほしい、これも買ってほしい……と欲張るのではなく、ある一定のモデルパターン、つまり「この商品を買ったお客様は、こんな商品を買う」「このタイミングで、追加注文が入る」ということをイメージして、絞り込んで、看板づくりを行ったほうが効果を発揮するのです。

今までのお客様の購入情報や現場の接客パターンを分析して、セット販売したい商品をピックアップして、二品目、三品目に誘導するＰＯＰやポスターを作成しましょう。

お客様の購入パターンと連動した点数アップ看板

写真館での写真集。インテリアポスターの販売コーナー。写真集は、中身のページが開けられ商品の「ハダカ化」がされている

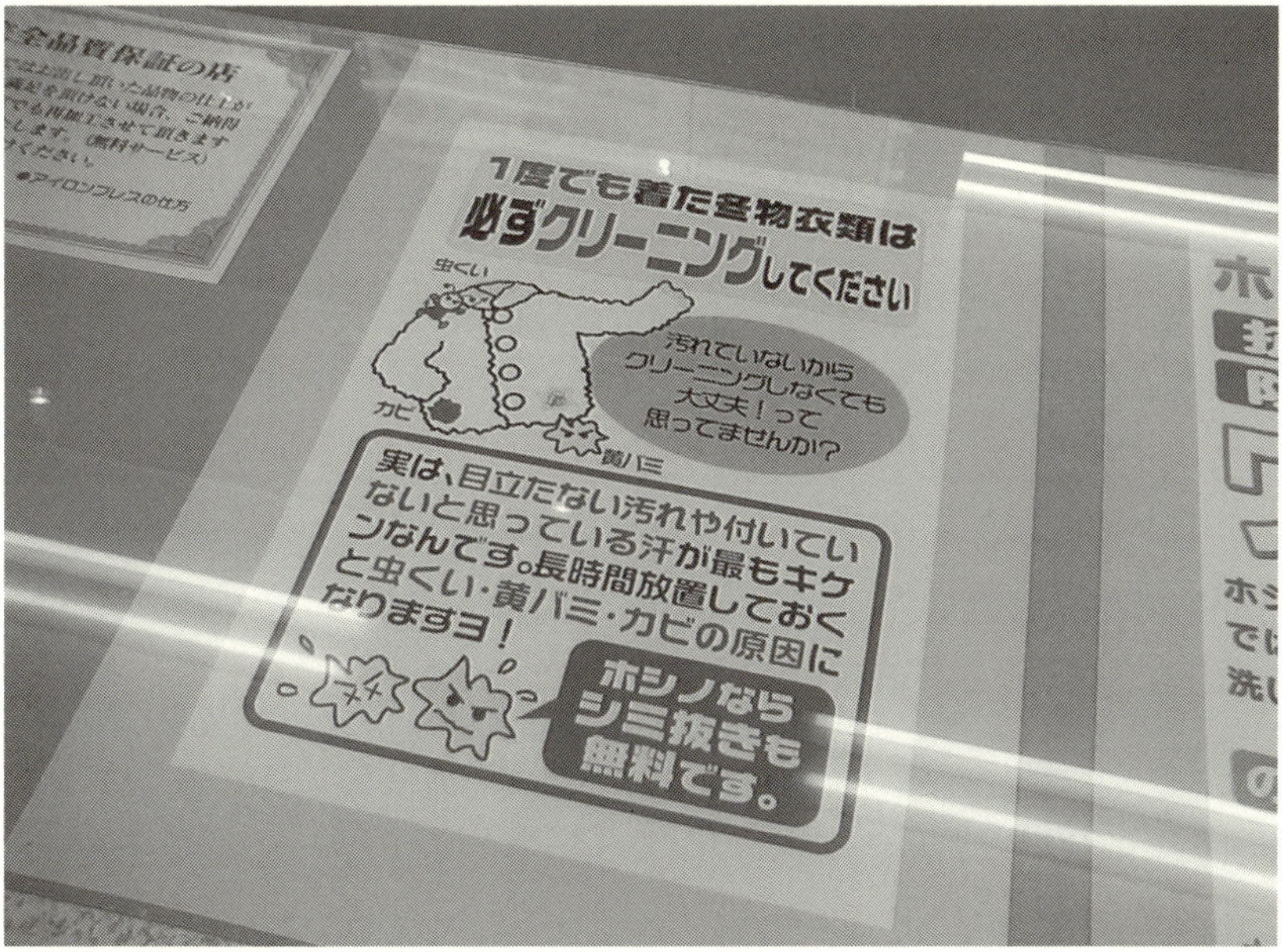

クリーニング店での「出し忘れありませんか」ポスター

07 売れないのは価格のせいではない

●価格で競争せず、価値で競争する

ここに定食屋のメニュー看板があります。

・A店　親子丼　５００円
・B店　親子丼　５００円

【鶏は開放鶏舎で放し飼い、自然の穀物主体の餌で育てられた○○鶏を使用しています。秘伝の配合のダシにふんわり卵でとじた一度食べるとやみつきになる味。脂っぽい食事を控えたい方にもおすすめ！】

A店、B店それぞれの店頭にこんなメニュー表が出ていました。お客様はどちらのお店に入るでしょうか？

きっとB店ですよね。理由は「５００円の親子丼がどんな味なのかを詳しく書いているから」。どんな商品なのかをお客様に伝えることが「価値」のPRです。

●価値をどうアピールするか

どんな商品にも必ず「価値」があります。商品が売れるか売れないかということは、お客様が払うお金（価格）に対しての価値があるかないかである、ということを忘れてはなりません。価格と価値のバランスで売れるか売れないかが決まるのです。

商品が売れないとすぐに「価格が高いからではないか」と考え、値下げをしようとするパターンが多いものです。もちろん、価格を下げればそのとき商品は売れてゆくのかもしれません。

しかしその結果、自店の利益は下がり、競合店はそれを見て対抗策として価格を下げ、際限なき価格競争に巻き込まれてゆきます。価格競争の最終的な勝者は、お金持ち（資本力のある者）か、長時間労働でガムシャラに働く者のどちらかです。

価格を下げる前にまず考えるべきことは、その商品がいかにすばらしいものであるかという価値をPRして、商品を売ることなのです。みなさんのお店の商品（メニュー）の表示方法は、A店のように価格だけをPRするものになってはいませんか？

しっかりと一品ずつ「価値ポイント」を整理してお客様に伝えるためのツール類に反映させると、途端に売れてゆくようになるのです。

価値ポイントを看板に表現すれば、安売りしなくても売れていく

チョークボードを活用した手書きの看板

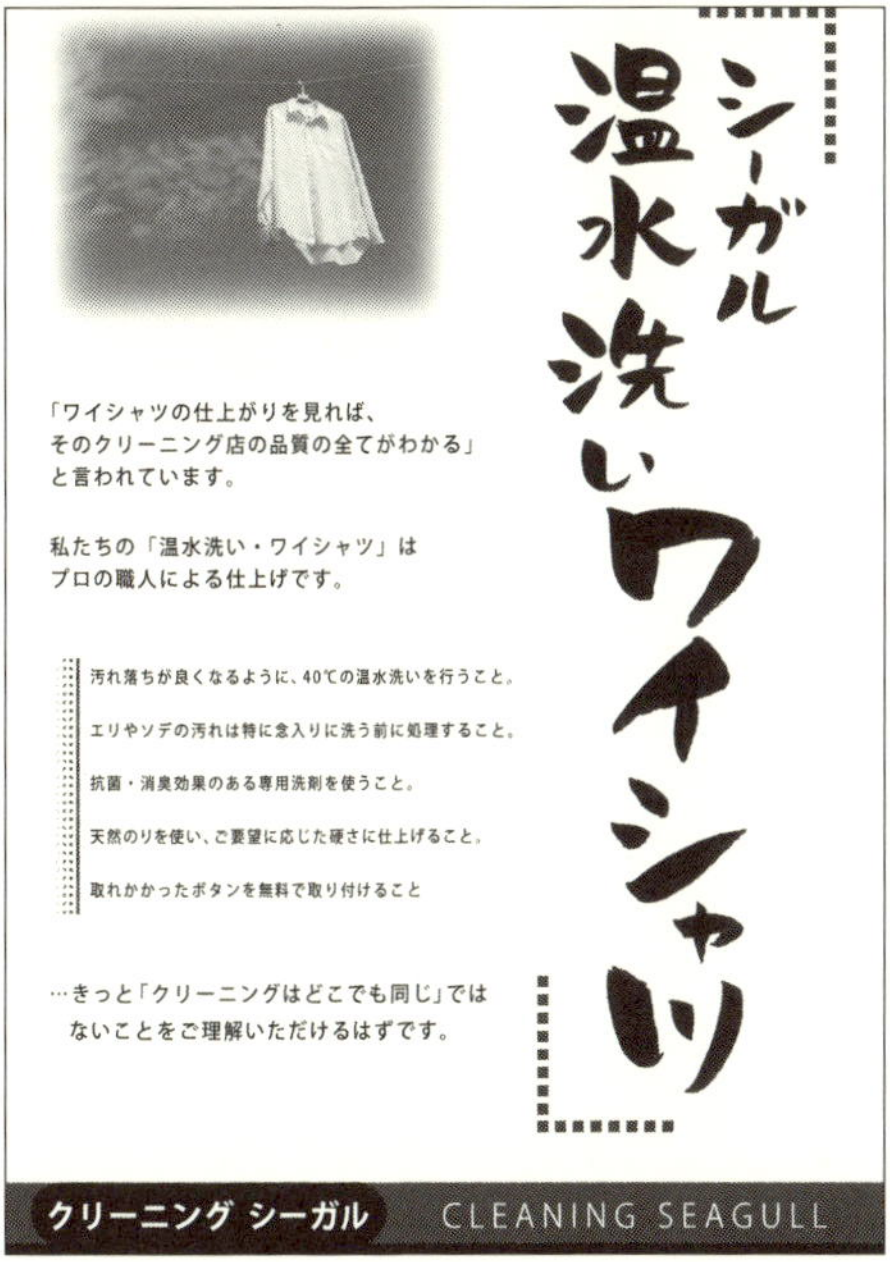

どんな商品にも
必ず「価値」が
存在している

クリーニング店のワイシャツのPR看板。お客様に伝えたいことを受付スペースに設置しています

SECTION
08 親近感を高めるPOP看板

●お客様と「友達」になるために

店内スペースは「お客様と親しくなるための場所」という認識を持って、売場づくりや接客にあたれば、結果的に「販売」も上手くいき、リピートのお客様も増え、長く繁栄をすることができます。

店内に滞在していただく、限られた時間の中でどのようにして、お客様と「お友達」になれるか？

そのきっかけを与えてくれるものが「親近感を高めるPOP看板なのです。

●親近感を高めるPOP・POPの材料

遊び心のある補助POP：きれいなつくりの看板、お知らせしたい気持ちが前に出過ぎた看板だけでなく、お客様を和ませる「遊び心」や「笑い」「ゆとり」のあるPOPを追加しておくと、親近感が高まります。手書きやイラストで作成して、小さくメインの看板（ポスター）につけておきます。内容は、日ごろお客様やスタッフと交わしている会話のなかで面白いものをアレンジするとよいものができます。

「食べ過ぎにご注意！　やみつきになります」居酒屋のメニューの手書きコメント。

「お土産に、景気（ケーキ）回復！」洋菓子店の手書きPOP。

「ちょっと待って！　見つめ合って、手をつないでから……さあ、中へお入りください」ハウスメーカーの完成現場見学会、玄関付近のPOP。

お客様紹介コーナー：お客様との心の距離の近さをあらわすことができます。ご来店されたお客様の笑顔の写真、完成した商品の写真などを掲示します。特に、お客様平均単価が5万円以上になる高単価商品を扱う業種では、何度も打ち合わせを重ねるうちに、親しくなっていきますので、お願いすれば、ほとんどのお客様が写真撮影をOKしてくれます。

スタッフ紹介コーナー：スタッフの顔写真、名前、プロフィール入りのボードを作成することは、もちろんのこと、専門の資格などを持っているスタッフの認定証や賞状を飾ることも同様の効果があります。

思わずお客様がニヤリとしてしまうしかけをつくる

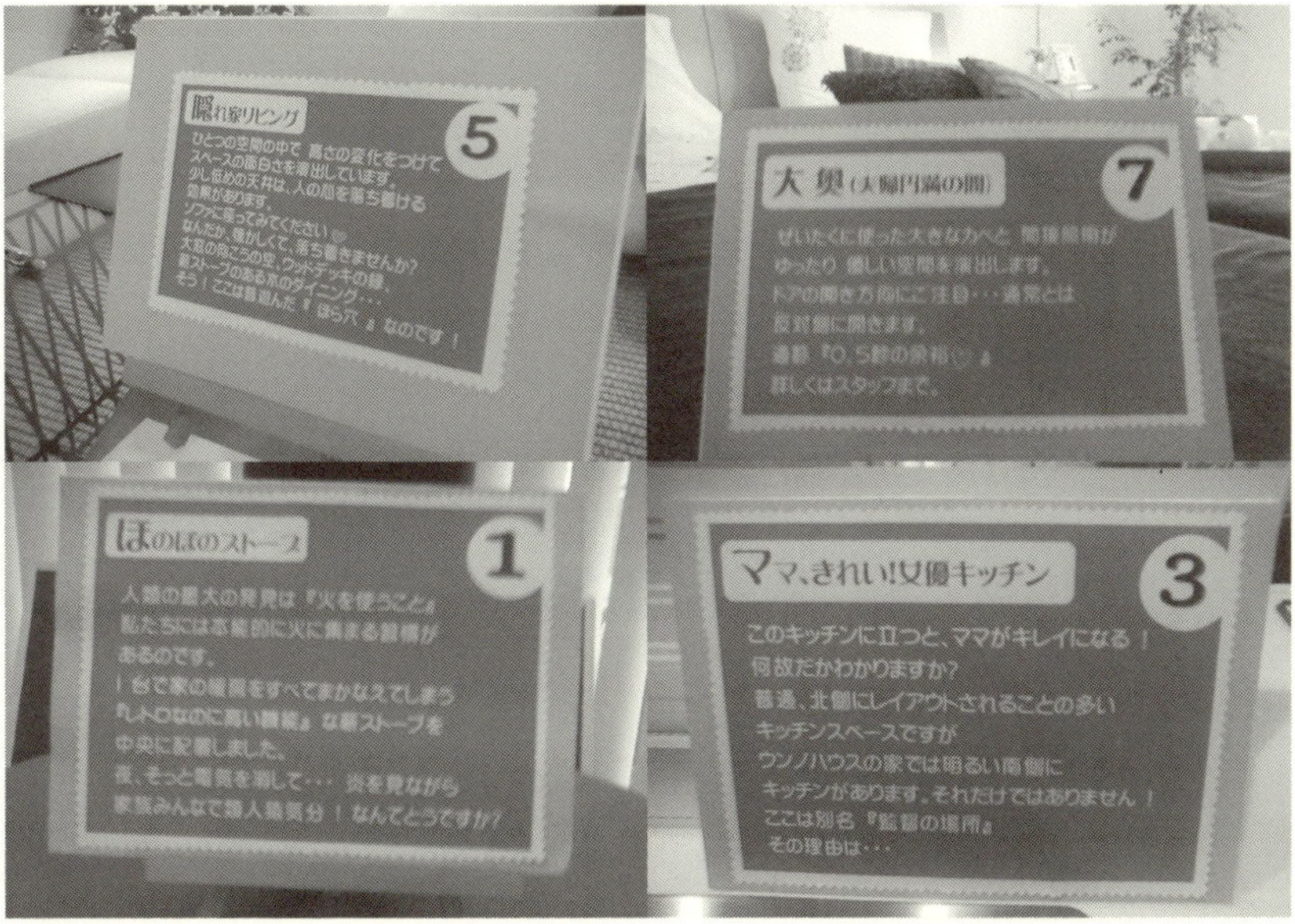

ハウスメーカーのモデルハウスの中のボード看板。
機能・性能的なことだけでなく、スタッフとお客様との会話が盛り上がる内容です

「それじゃ、一番はどこだよぉ！」と、言いたくなるちょうちん看板

「ズバリ！」思わずナットク…の補助 POP

お客様の写真と手書きメッセージのボード

SECTION
09 整理された情報をお客様に一覧提示する

●店内でのPRが客単価アップにつながる

「客単価」を上げるためには、①お選びいただく商品のグレードを上げる方法と、②関連商品などの商品を数多くお買い上げいただく方法の2通りがあります。

たとえば、八百屋さんなら、1個300円のリンゴよりも、1個500円のリンゴを買いたくなる（商品のグレードアップ）ように、さらには、リンゴをもう1個とか、リンゴ以外にミカンやブドウなども買いたくなる（商品の点数アップ）ようなしかけを施すことで、トータルとしての「客単価」がアップするのです。

このように客単価を上げるためのPRは、店内を中心に行います。

店外で「グレードの高いもの……」や「点数をたくさん……」ということをPRするよりも、客数が確保できるからです。

●価格の違いを整理する

お選びいただく商品のグレードを上げるためのコツは「専門店として、整理された情報をお客様に提示する」ということにあります。

同じ商品でありながら、安いものと、高いものとでは、何が違うのか？　を、一定の基準に基づいて、価値分析したうえで、一覧表としてお客様に提示すると、無理なく自然にグレードの高いものが売れてゆくようになるのです。

ちなみに、一覧表示したとき、最も売れやすい価格を導き出す公式は、売れ筋価格をC、一覧表の最低価格をA、最高価格をBとしたとき、$C=\sqrt{A \times B}$となります。ほとんどの場合、最低価格Aと売れ筋にしたい価格Cは、決まっていることが多いので「最高グレード（価格）Bをどこまで持つか？」ということを決めなければならないケースが多くなります。

その場合は、前述の公式を変更して、$B=C^2 \div A$という式により、最高価格を導き出します。

安いものしか売れない……というのは、お客様のせいではなく、専門店として正しい整理された情報をお客様に提示していないことが多いのです。

価格の違いは何なのか？ をわかりやすく表示する

写真館のアルバム一覧ボード
アルバムを1冊ずつ手にとって販売していたときよりも自然と平均単価がアップします

単価を上げるための「特典」をお知らせするポスター

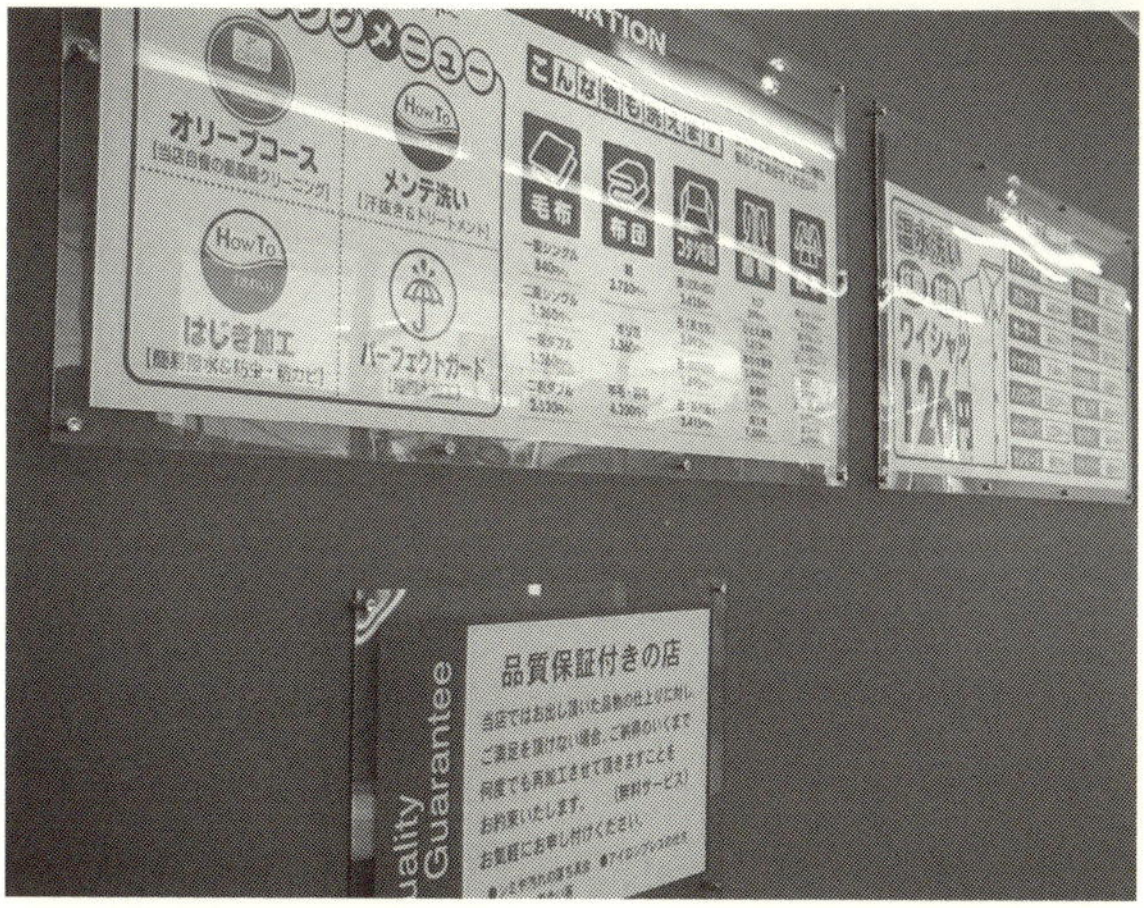

クリーニング店の一般衣類以外のクリーニングメニュー

SECTION

6章

リピート率が上がる看板づくりのコツ

SECTION
01 お店の「予告編」看板をつくろう

●「予告」がリピートの鍵

テレビの帯ドラマには、本編終了後に必ず「次週の予告」が流れます。

本編を見ていた人は、次週のダイジェスト版である「予告」を見て、「来週も見なきゃ……」と思い、一週間楽しみに待つのです。

あなたのお店や会社では、お客様が「また来たい！」と思える「予告編」、つまり、次回来店時には「こんなお得なことがありますよ、こんな楽しいことをやっていますよ」ということを伝えることができていますか？

「予告編」看板は、お客様の来店頻度に合わせたスパンで貼り替えてゆく必要があります。

たとえば、1ヶ月に1回くらいの頻度でお客様がご来店、お買い上げくださるなら、年間12回の予告編が必要になりますので、こまめに貼り替え可能なポスターや垂れ幕、シール、メニューボードなどを使うのが最適です。

それに、キャンペーンなどの企画のタイミングも図らなくてはなりません。

●「お楽しみ」予告の種類

例えばこんな商品やお知らせが「予告編」として最適です。安易に「値引き」だけでリピートを増やそうとしないことが大切です。

①季節商品（その季節になるとよく売れる商品）
②提案商品・新商品（これまであまり販売実績はないけれども売ってゆきたいおすすめ商品）
③トッピング・セット商品（定番商品の通常料金にプラスアルファ料金で付加価値をつけることのできる商品）
④イベント告知（お祭り的な催し物をお知らせする。昨年実施したときの写真なども載せると雰囲気がよく伝わります）

等々、価格以外でお客様に来ていただく工夫をします。

今日、ご来店いただいているお客様に、その場で次回来店時の「お楽しみ」を予告することで、リピート率が高まるのです。

事前告知を看板で行い、リピート率を上げる

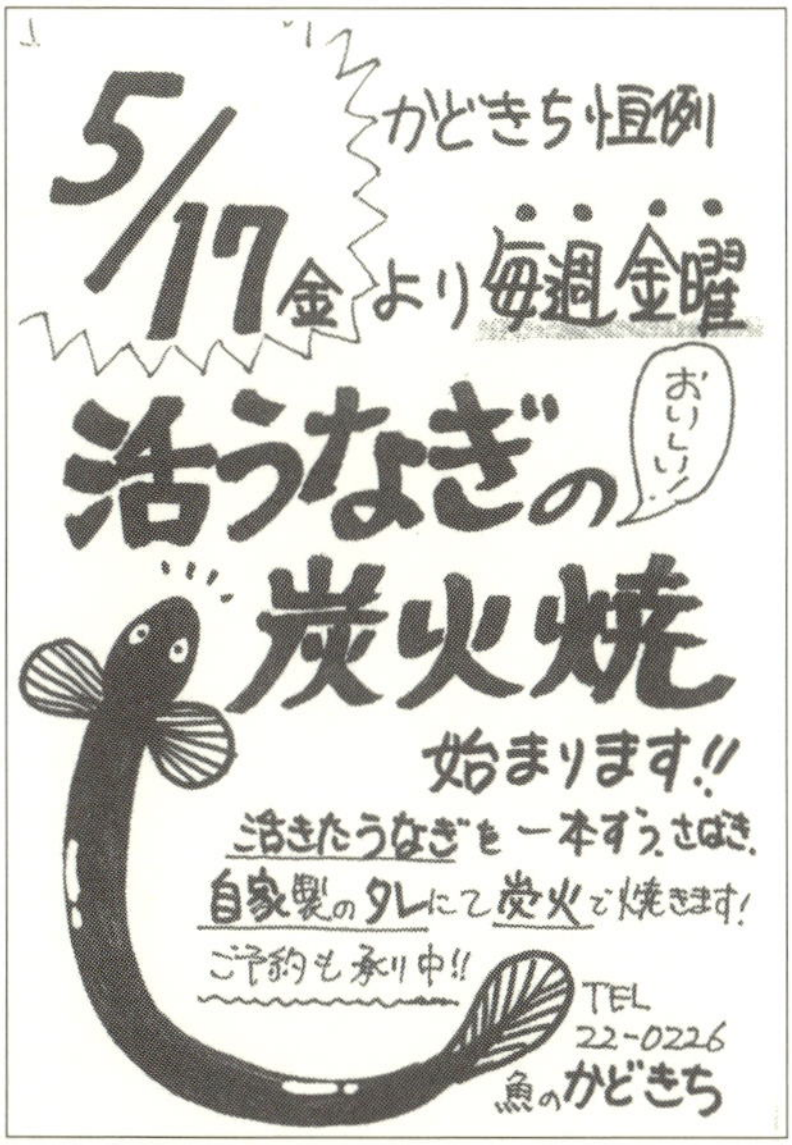

鮮魚店のポスター。10日以上前から店頭でPRする

お客様が
「またこなきゃ！」
と思う「予告編」が
お店にありますか？

イベントのお知らせ看板と景品のボリューム陳列

SECTION

02 「お客様の声」を活用した看板

「高品質・親切さ」など言葉だけでは伝わりにくい要素を、表現するためには、「お客様の声」を活用することがおすすめです。

●お客様の声の収集方法

アンケートの形式は、目的が「お客様の声」そのものを得たい……というところにあるため、できるだけ、お客様が「記入しやすい」質問項目を設定することが必要です。また「どんな声を集めたいのか」＝「ＰＲに掲載できるような喜びの声」ということが明確になっていますので、そのような「声」が集まるような言い回しでの質問項目とすることも必要です。

もうひとつ、特に大切なことは、販促ツール等に「お客様の声」を掲載してもよいかどうかの、許可をいただく項目を入れておくことです。「後日許可を……」というのは、非常に大変な作業になります。

アンケートは、最後にお客様に会うスタッフが直接「ひと声かけて」手渡ししていきます。アンケートの回収率は、ひとえにここをキッチリできているかどうかに、かかっています。アンケートを何も言わずに、他の資料と共に置いてくるだけか、封筒の中から1枚ずつアンケートを出して主旨説明して、広げた状態でお客様にお渡ししてくるか、これが回収率の差となりあらわれてきます。

また、継続的なお客様の声の収集は、自社の「商品」品質の向上に役立ちます。業種業態を問わず、永続的に、繁栄を続ける会社というものは「お客様がお金を払うもの」すなわち、「商品」に、最も力を入れています。

宣伝が下手でも、お客様のためのこだわった家をつくり続けている工務店。店舗が汚くても、おいしい料理を出し続けている定食店。販促を一切しなくても、よいスーツをつくり続けている仕立て屋。

このような人たちは、派手さはなくとも、着実に売上を伸ばすことができます。

お客様の声を集める「アンケート」は、永続的な繁栄の条件である「商品力」の強化と、それを短期的な売上アップにつなげてゆく「販促力」の強化の両方に有効な取り組み事項です。

お客様アンケートを商品、販促の両面で活用する

石材店の売場（商談スペース）に飾られている「お客様の声」ボード。待ち時間中、お客様が見てくれる確率は非常に高い

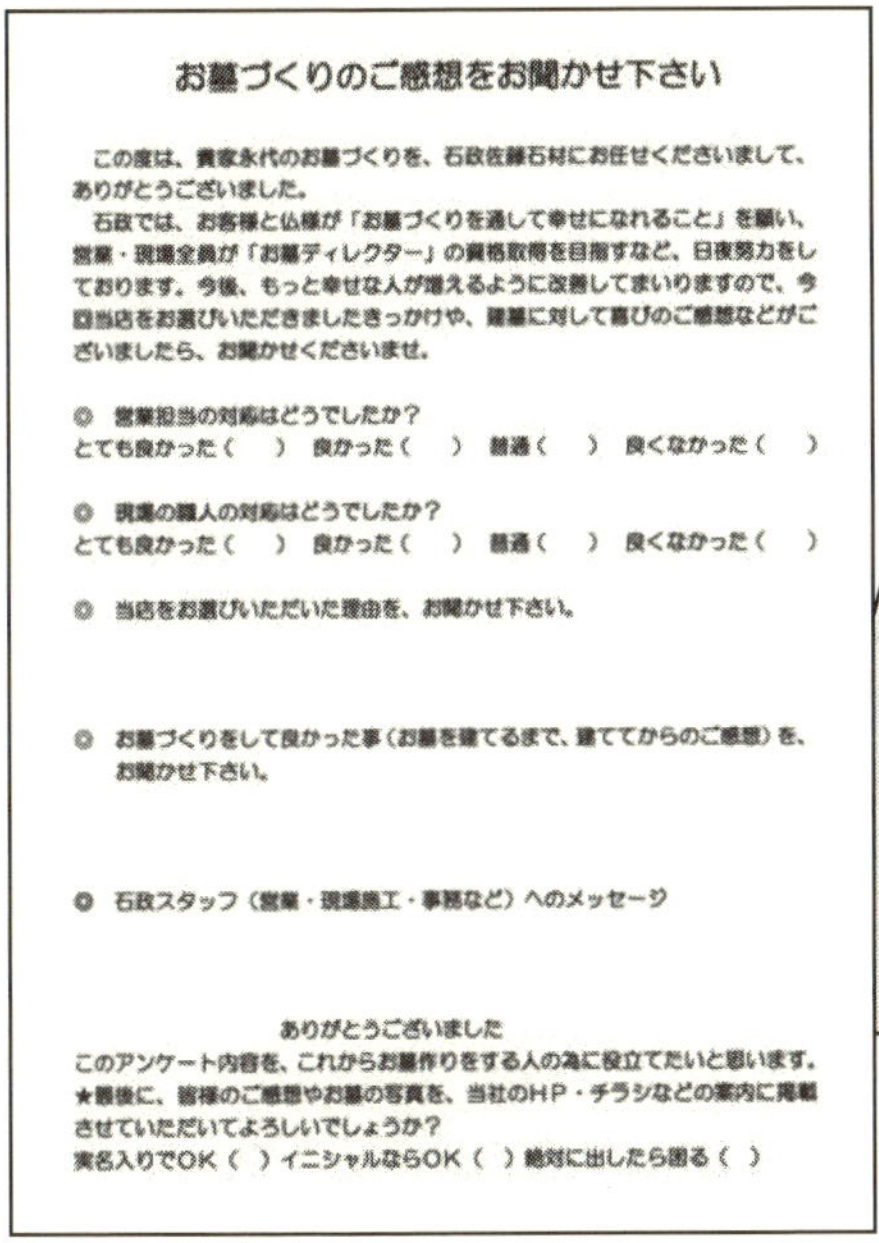

お墓づくりのご感想をお聞かせ下さい

この度は、貴家永代のお墓づくりを、石政佐藤石材にお任せくださいまして、ありがとうございました。

石政では、お客様と仏様が「お墓づくりを通して幸せになれること」を願い、営業・現場全員が「お墓ディレクター」の資格取得を目指すなど、日夜努力をしております。今後、もっと幸せな人が増えるように改善してまいりますので、今回当店をお選びいただきましたきっかけや、建墓に対して喜びのご感想などがございましたら、お聞かせくださいませ。

◎ 営業担当の対応はどうでしたか？
とても良かった（　） 良かった（　） 普通（　） 良くなかった（　）

◎ 現場の職人の対応はどうでしたか？
とても良かった（　） 良かった（　） 普通（　） 良くなかった（　）

◎ 当店をお選びいただいた理由を、お聞かせ下さい。

◎ お墓づくりをして良かった事（お墓を建てるまで、建ててからのご感想）を、お聞かせ下さい。

◎ 石政スタッフ（営業・現場施工・事務など）へのメッセージ

ありがとうございました

このアンケート内容を、これからお墓作りをする人の為に役立てたいと思います。
★最後に、皆様のご感想やお墓の写真を、当社のHP・チラシなどの案内に掲載させていただいてよろしいでしょうか？
実名入りでOK（　）イニシャルならOK（　）絶対に出したら困る（　）

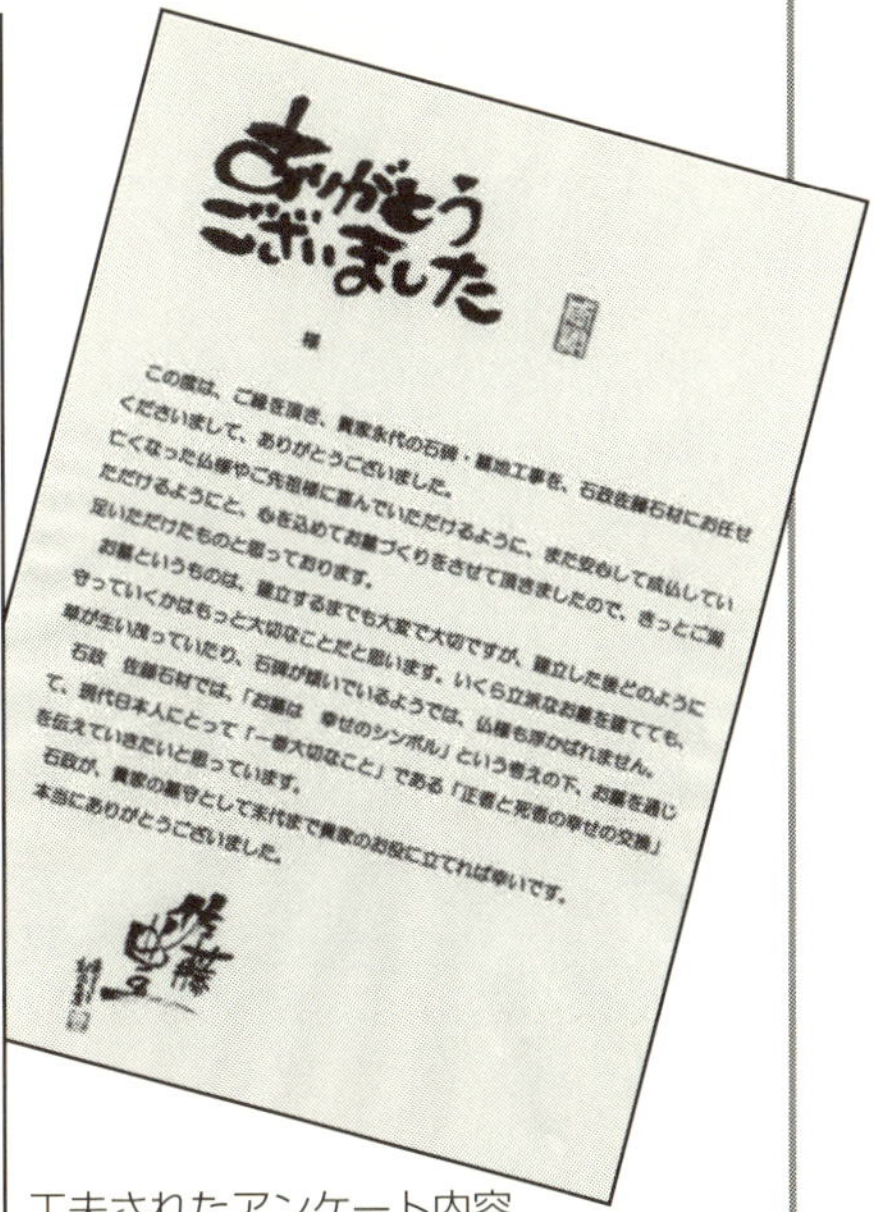

ありがとうございました

様

この度は、ご縁を頂き、貴家永代の石碑・墓地工事を、石政佐藤石材にお任せくださいまして、ありがとうございました。

亡くなった仏様やご先祖様に喜んでいただけるように、また安心して成仏していただけるようにと、心を込めてお墓づくりをさせて頂きましたので、きっとご満足いただけたものと思っております。

お墓というものは、建立するまでも大変で大切ですが、建立した後どのように守っていくかはもっと大切なことだと思います。いくら立派なお墓を建てても、草が生い茂っていたり、石碑が傾いているようでは、仏様も浮かばれません。

石政 佐藤石材では、「お墓は 幸せのシンボル」という考えの下、お墓を通じて、現代日本人にとって「一番大切なこと」である「生者と死者の幸せの交換」を伝えていきたいと思っています。

石政が、貴家の墓守として末代まで貴家のお役に立てれば幸いです。

本当にありがとうございました。

工夫されたアンケート内容

SECTION

03 理念を掲げる「ポリシーボード」

●理念とは経営者の全経験を統一したもの

「経営理念が大切だ」と、数多くのご支援先経営者から教えていただきます。正直、20代のころは、なぜ経営に理念が必要なのか、本音レベルではよくわかりませんでした。

しかし、ここ4~5年のうちに、ようやく本音で「理念って大切だなあ」と感じるようになってきました。

理念とは「理性の判断によって得られる、最高の概念で、全経験を統一するもの」と定義づけられています。つまり、経営者がこれまでの経験に基づいて「何のために経営しているのか」「どんな普遍的な意識内容（コンセプト）に基づいて、どんな世界をつくりたいのか」という価値観を言葉にしたものです。

●理念をお客様にも見せる

理念を言葉にして「書面」として形にすることも、大切な要素です。国に憲法があり、キリスト教に聖書があるように、誰がいつ見ても同じ価値観に触れることができる「明文化」された文書があれば、数多くの人間が集まる組織が一定の方向に向かってまとまることができます。頭の中で考えていた「理念」を明文化することで、会社にとっての「憲法」や「教典」が完成します。会社で言うと経営者が確信を持って信じる概念を、スタッフたちも信じることができるという、ひとつの拠り所となり得るわけです。

本来、経営理念は、会社のなかだけで共有されることが多いのですが、それをお客様からも見えるところに貼り出すのが「ポリシーボード」「理念看板」と言われる看板です。

あまり難しい言葉で表現せずに、できるだけわかりやすい言葉で書かれた理念を掲げ、お客様に自分たちが頭の中で考えていることまでも知っていただこうとする取り組みです。

売上を求めることも、もちろん大切なのですが、「理念を実現するために行動した結果が、売上となって返ってくる」というサイクルでなければ、経営が長続きすることはありません。

経営者のポリシーに、お客様が、スタッフが集まってくる

理念を実現するために行動すると、売上は無理なく自然に、そして強固に上がってくるようになる

葬祭ホールの玄関に置かれたポリシー・ストーン

「3つのカンドー」という理念をお客様にも、スタッフにも店舗で宣言をしたポスター

04 品質のよさを表現する看板デザイン

●チラシを見比べてみよう

まずは、左のページをご覧ください。

こちらは、ある書道教室の生徒募集用チラシです。チラシの表面をA、B、Cの3パターン作成（裏面は、共通のものを使用）しています。

さて、ここで質問です。

チラシ表面A、B、Cの中で、実際の「集客数」がよいと思われる順番に並べ替えてみてください。

Aのチラシ：「今さら、お習字を始めてどうするの？……と夫は笑った。しかし3ヶ月後の私を見て彼は……」というインパクトが強めのキャッチフレーズ、さらに「生徒の声」「おすすめの客層」「この書道教室の特色」「講師のプロフィール」「体験講座の案内」などを文章中心で非常に事細かに説明しています。黒をベースにした単色刷りです。

Bのチラシ：「上手に書けたときの感動、思い出してみませんか」というノスタルジックなメインコピーに、それと連動したイメージ写真、イメージカラーをバックに処理しています。

また「講師プロフィール」「おすすめ客層」「体験講座の案内」のコーナーを入れています。黒×茶系統色の2色刷りです。

Cのチラシ：「和の心に触れる」というメイン客層（リタイア後のサラリーマン）を意識したメインコピーに、書道のイメージ写真を紙面全体に大きく処理。シンプルに「体験講座の案内」コーナーのみを入れています。4色フルカラー刷りです。

そして、裏面はA、B、Cの3つのチラシとも共通で、体験講座と正式なコースの「開催要項と詳細」や「会場地図」「どんな作品ができるのかという事例コーナー」「教室の運営方針や方法」「申し込み用紙」によって構成されています。

看板やポスターのデザインを決めてゆく上で、知っておかなければならない原則が、この質問の中に含まれています。

答えと考察は、次のページをご覧ください。

どの広告の反応がよかったのか？

書道教室の集客チラシ

A

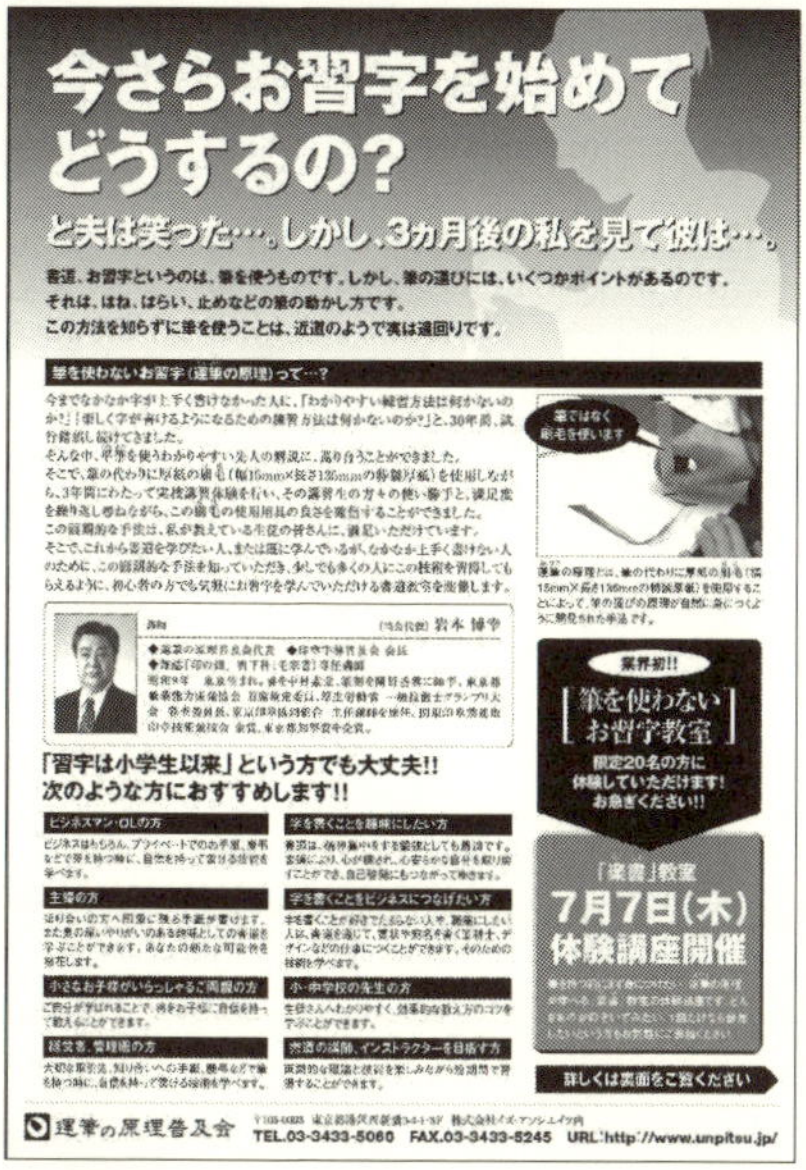

B

C

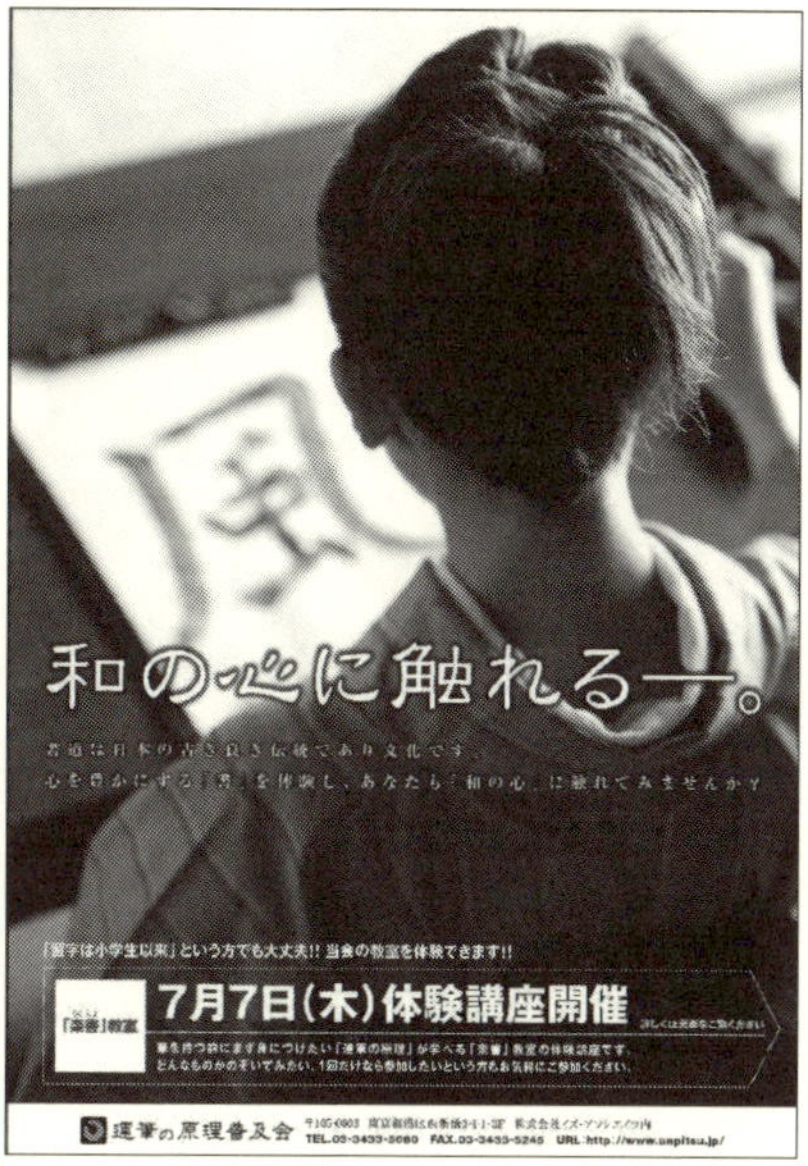

関東を中心に活動する広告代理店イズ・アソシエイツによる広告デザイン、研究の成果
www.is-assoc.co.jp TEL 03-3433-5060

SECTION

05 品質をPRする右脳看板づくりのコツ

●イメージと直感に働きかける

答えは、最も集客数の多かったチラシが「B」。次によかったものが「A」、まったくダメだったものが「C」でした。B↓A↓Cの順番が正解です。

この理由を分析する前提として、知っておかなければならないことは、人間の脳には「右脳」と「左脳」があるということです。

「右脳」は、イメージや直感、感性を司る脳です。芸術、音楽センスに優れている人、女性には右脳が発達している人が多いと言われています。「左脳」は、言葉や数字、論理を司る脳です。記憶・計算することに優れている人、男性には左脳が発達している人が多いと言われています。

そのような視点から見れば、Aのチラシは完全「左脳」型、教室に行ったほうがよいメリットが論理的に言葉、数字で表現されています。一方、完全「右脳」型のチラシは……と言えば、Cのチラシ。イメージ、感性的な内容が中心となっています。

最も集客数のよかったBのチラシは、言わば「両脳」型チラシです。上半分はイメージに訴えかける「右脳」型、下半分がお客様へのメリットを論理的に訴えかける「左脳」型となっています。

●まず、左脳。次に右脳で味付け

大切なことは、①「品質がよい」とか「技術力がある」という抽象的なことをPRするためには、言葉を重ねるよりも、感性に訴えかけるイラストや写真で表現したほうが、効果的であるということ。②しかしながら「右脳」のみにかたよった販促デザインは、イメージはよいが、実際の売上数字にはつながりにくいということ。③結論として、まずは、商品や会社の価値ポイントの分析を「左脳的」に徹底的に行うこと。その後、味付け的に、それを象徴するイメージ写真やイラストを活用することと言えます。

品質のよさをPRするための「右脳型看板」は、「左脳的」価値分析による思考・検証に基づいたうえで、はじめて実現するのです。

まず、左脳で価値をとらえ、右脳で味付けしたデザインが売れる

左脳広告

特徴

- 機能、性能重視
- 価格、価値、差別化ポイントを「言葉」と「数字」で表現
- 男性がメインターゲット
- 商品、サービスの正確な情報を伝える

高

効果

低

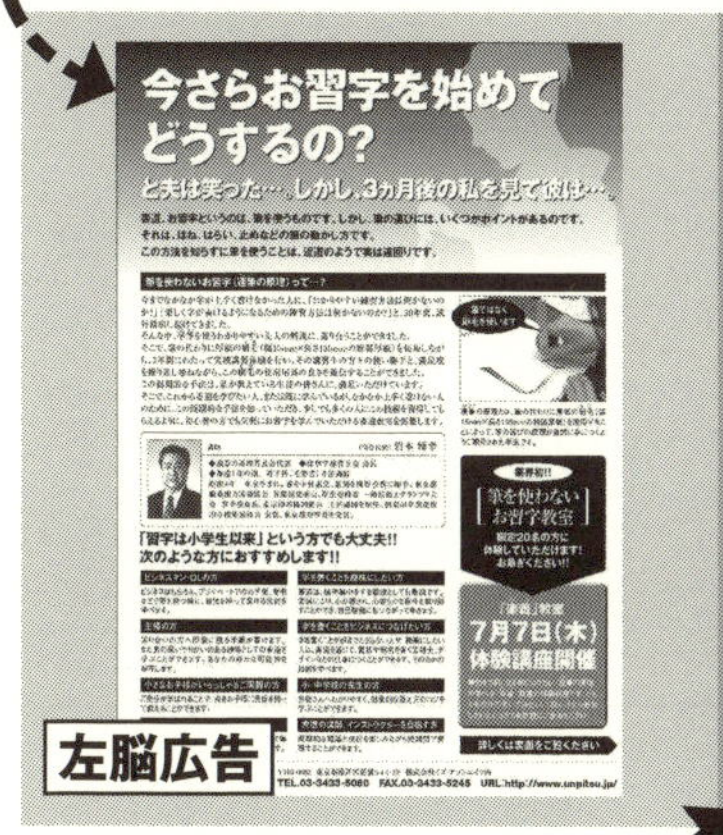

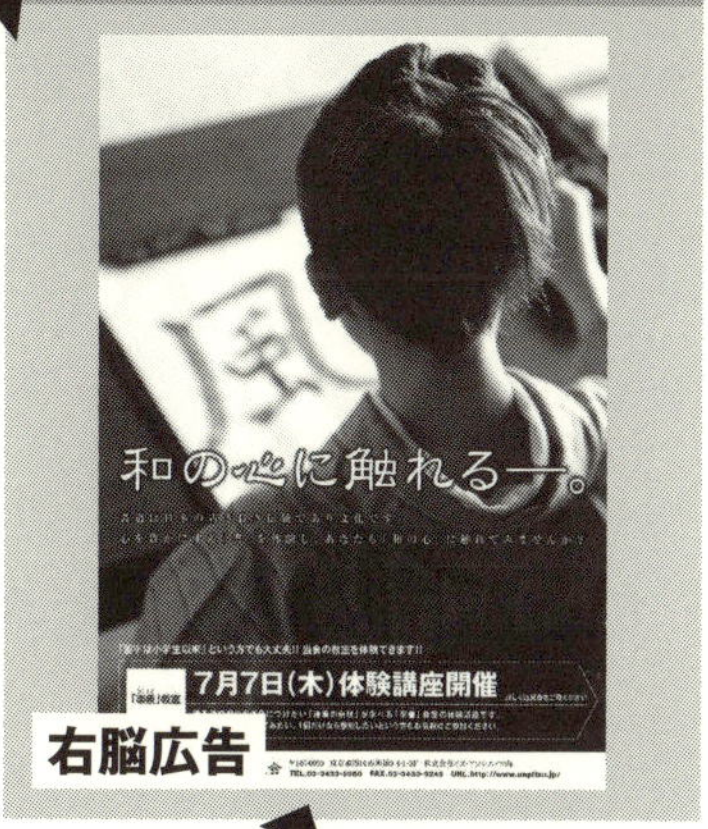

両脳広告
が最も売れる。
左脳で価値ポイントを
しっかり整理。
右脳で味付け

低 ←→ 高

効果

右脳広告

特徴

- ビジュアル、イメージ重視
- 情緒、感性に訴えかける「写真」「カラー」と「レイアウト」で表現
- 女性がメインターゲット
- 商品、サービスのイメージを伝える

SECTION

06 絶妙の告知スペース・トイレ看板

●必ず目にする場所

「トイレに気の利いた看板がある」

これは、意外な繁盛店の共通項なのです。

たとえば居酒屋では、

「私たちは〝飲んだら、乗らない〟を応援しています。代行運転1000円チケットorタクシー500円チケットを差し上げています。※ご飲食代4000円以上の場合に限ります」

というポスターを貼ってこの日、車を運転する必要のない人にも、今度、別の誰かと来るときの「安心」をPRしています。

葬祭ホールでは、

「もうご入会しておられますか？　○○カード。もしものときのご葬儀基本料金が30％OFF、市内150の提携店舗での割引サービスが受けられます。詳しくはスタッフまで」

通夜、葬式に参列している会葬者に向けたさりげないPR。

歯科医院では、

「歯のクリーニング（お掃除）しませんか？　日常の歯磨きだけでは完全に取り除くことの難しい歯石・歯垢を、プロの技術できれいに落とします。口臭や歯周病の予防にもなります。保険適用OKです。患者様の負担費用の目安は、1回当たり1000～1500円です」

治療に来ておられる患者さんだけではなく、付き添いに来られている方へのPRも兼ねています。

用を足しているとき、目の前のスペースに貼り出された看板（ポスター）は、いやがおうでもお客様の目に触れますし、読み取る〝時間〟も十分にありますので、内容は、ほぼ完璧に伝えることができます。

飲食店はもちろん、店内でのお客様滞留時間が長く、店内にトイレを設ける必要のある業種に、特におすすめします。

「トイレ」という場所は、なぜか人が素直になれる場所。お店としての考え方、メッセージ、コンセプトを伝える絶好のスペースです。

言いたいことを最もゆっくりと見てもらえるトイレ看板

葬祭ホールの事前相談・事前見積りポスター

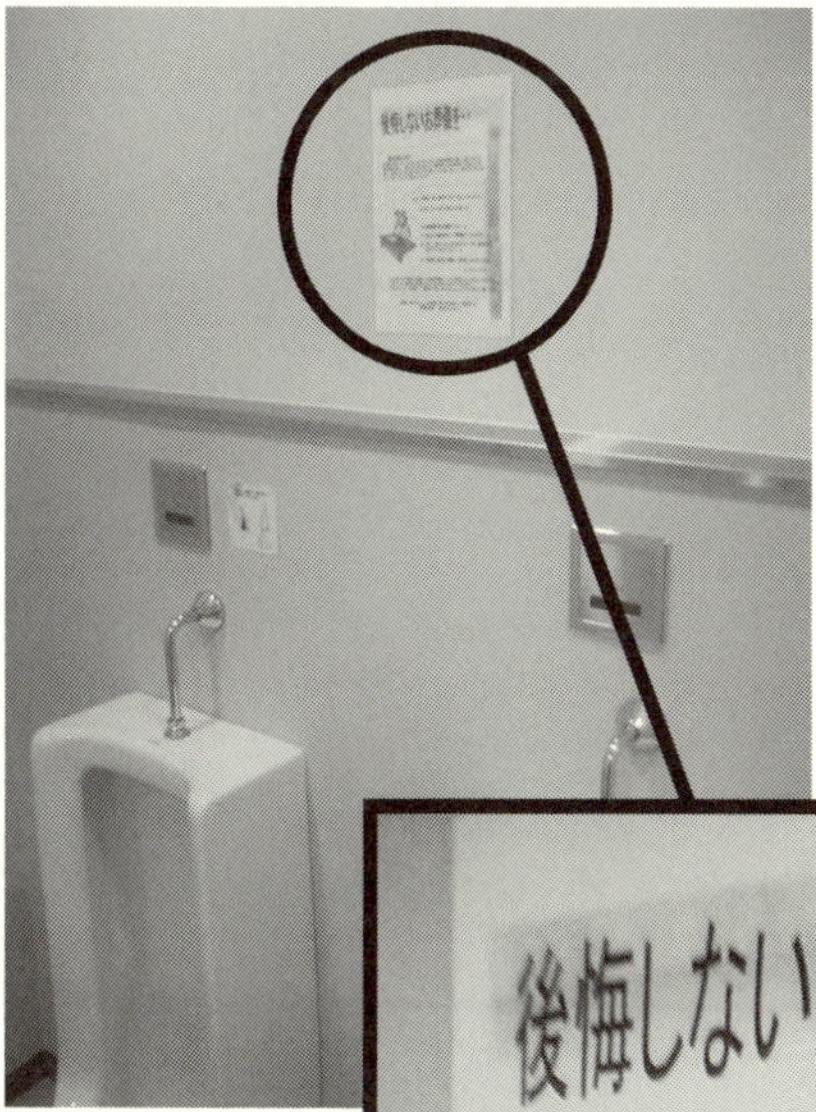

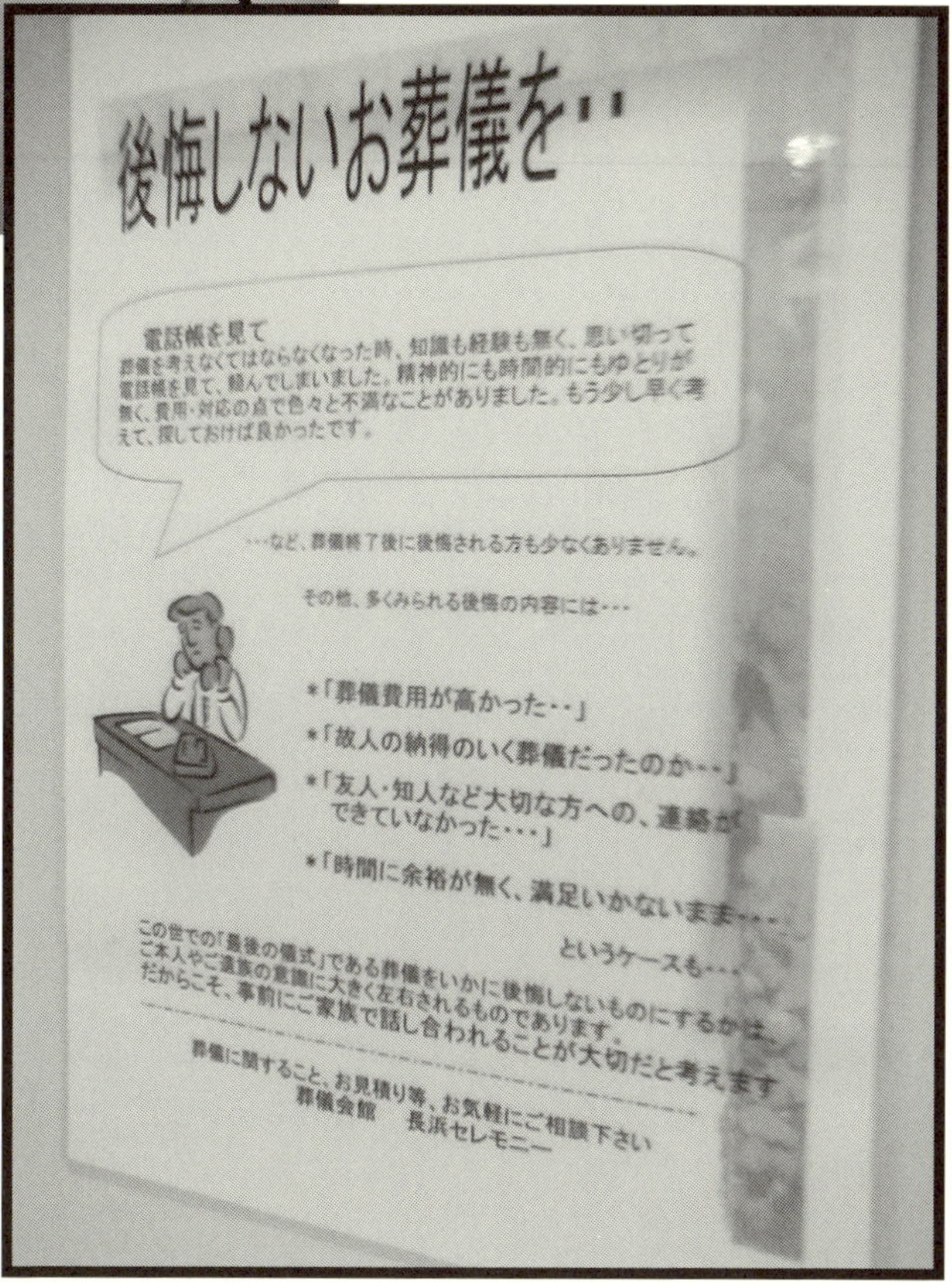
後悔しないお葬儀を・・
電話帳を見て
葬儀を考えなくてはならなくなった時、知識も経験も無く、思い切って電話帳を見て、頼んでしまいました。精神的にも時間的にもゆとりが無く、費用・対応の点で色々と不満なことがありました。もう少し早く考えて、探しておけば良かったです。
・・・など、葬儀終了後に後悔される方も少なくありません。
その他、多くみられる後悔の内容には・・・
＊「葬儀費用が高かった・・」
＊「故人の納得のいく葬儀だったのか・・」
＊「友人・知人など大切な方への、連絡ができていなかった・・・」
＊「時間に余裕が無く、満足いかないまま・・・
というケースも・・・
この世での「最後の儀式」である葬儀をいかに後悔しないものにするかは、ご本人やご遺族の意識に大きく左右されるものであります。
だからこそ、事前にご家族で話し合われることが大切だと考えます
葬儀に関すること、お見積り等、お気軽にご相談下さい
葬儀会館　長浜セレモニー

時間はたっぷりあるので詳しい内容を記載しても読んでもらえる

SECTION

07 作業スペースを「見せる」看板効果

●百聞は一見にしかず

たとえば、クリーニング店の場合。

立地条件、建物の大きさ・視認性、品質・価格、接客レベルがまったく同じお店があったとして、店舗に工場が併設されているA店と、工場は別の場所にあって品物が配送されてくるB店では、年間売上にして、1.5倍前後の差が出ます。

パン、菓子、飲食店、薬局、靴・鞄修理などの業界でも、工場併設・作業スペース併設タイプの店舗のほうが、集客力やリピート性が高まります。

作業スペース、調理スペースを「見せる」ということは、「鮮度があること≒品質がよいこと」の絶好のPRとなります。

「百聞は一見にしかず」とは、まさにこのこと。写真や言葉でポスターをつくり表現するよりも、実際に商品をそこでつくっている過程を見せたほうが、100倍の効果があるというわけです。

●お客様の五感に訴える効果

「視覚的な効果」：新鮮そうな素材が並んでいる、作業に使う工具や設備が並んでいる、素材に負けないくらいイキのいいスタッフが作業をしている。

「聴覚効果」：モノが加工されてゆく過程に発せられる音が聞こえる。スタッフの威勢のいいかけ声ややりとりが聞こえる。

「嗅覚効果」：匂い・香りが漂ってくる。

最近の飲食店では「オープンキッチン」スタイルがさらに進化して、客席よりも一段下げたスペースにキッチンをつくり、よりよくお客様から見えるような工夫がされています。

このようなスペースをつくるということは、作業内容のすべてがオープンになるということですので、それなりの覚悟とその維持が必要です。

施設の清掃レベルはもちろんのこと、材料の取扱い、スタッフの立ち居振る舞いまで……徹底しなければなりません。それは悪い部分までもが「オープン」になる可能性があるからです。

できたて鮮度感＝品質がよいこと

店内の声や
料理のニオイが
外までもれる
↓
道ゆくお客様が
入ってみる
気になる

SECTION

08 素材・製法のこだわりを看板にする

●事前情報の刷り込み効果

ある夫婦の会話。

妻は、夫のために朝のコーヒーを淹れながら言った。

「今日のコーヒーは、○○山麓の湧き水でつくったのよ」

夫は答える。「うん、やっぱり今日のは、味が違うね。マイルドな感じがしたんだよな」

妻「あら！　3日も前からこの湧水でつくっていたのよ。気づかなかったのね」

夫「……（3日間、味の変化に気づかなかった）」

素材や製法によって人が感じる「味の違い」（＝価値の違い）は、案外このようなものかもしれません。

私はこれを「事前情報の刷り込み効果」と呼んでいます。

つまり、事前に情報を得てからその商品を体験するほうが、よいもののように感じてしまうものなのです。

●看板に反映させよう

素材・製法のこだわり看板は、

・どのような素材を使用しているのか

・どのような製法でつくられているのか

・どのような効用があるのか

・どんなお客様に支持されているのか

・どんな場面で使われているのか

という視点で表現します。

その際、「プロの言葉」「専門用語」だけではなく「お客様の実感」「普段の生活の言葉」で表現することが、そのポイントです。

お客様にさりげなく見てもらうこと、その商品を使っていただく間際に見てもらうのが効果的なので、店内の「客溜まり」スペースからよく見える場所に大きなポスターとして掲示すると同時に、卓上用のメニューブック・メニューパンフレットの中に入れ込む、お持ち帰り用のミニチラシに縮小するなどの工夫をすれば、さらに効果は倍増します。

お客様は、自分の買った商品に納得したいものです。事前に情報を知っていると、今体験しているものへの満足度が高まります。

看板自体の素材にもこだわりを出す

ラーメン店のスープの「素材・製法」看板

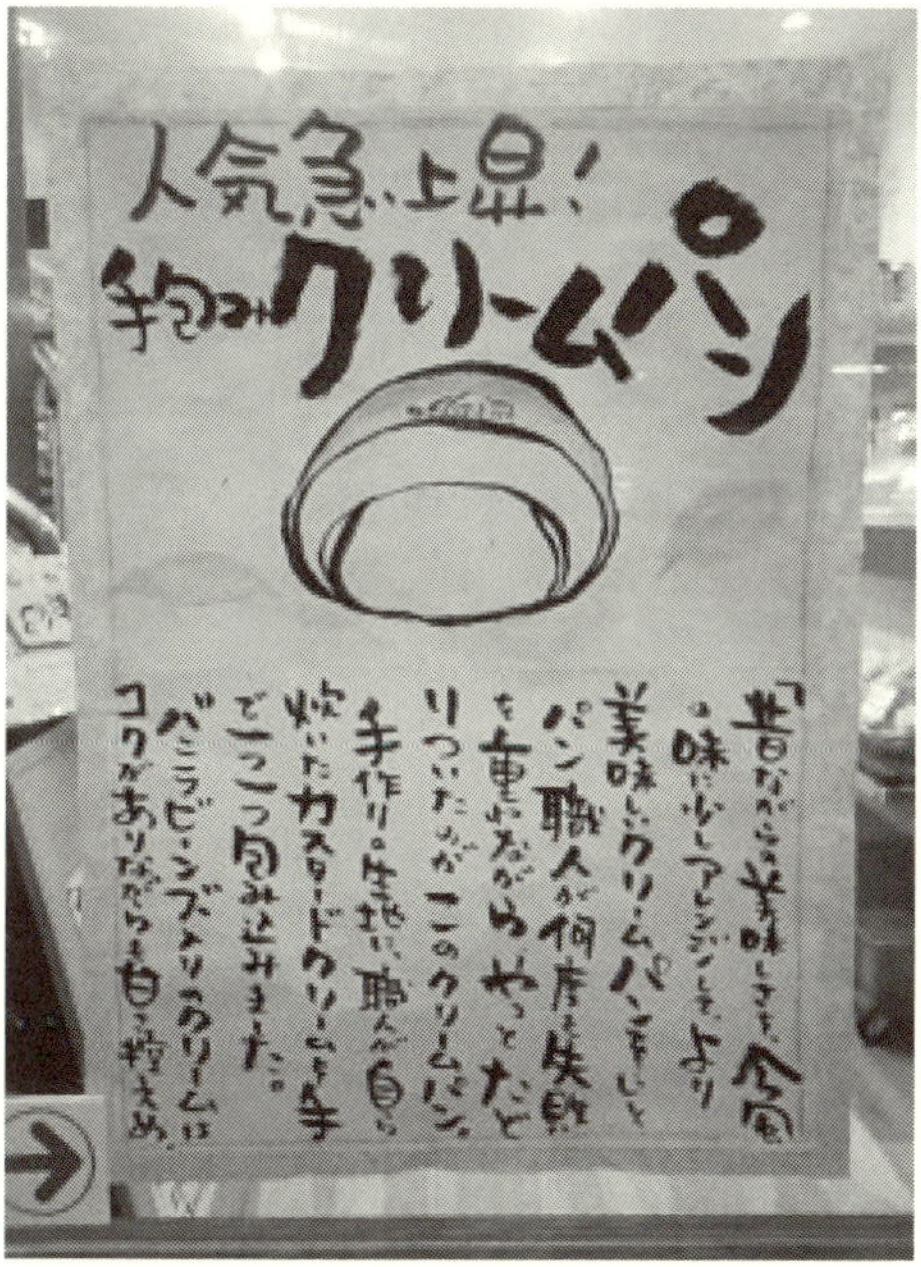

パン店のクリームパンの
「素材・製法」看板

お客様は自分の
購買が正しかった
ことを納得したい
↓
事前情報を刷り込む
ことで満足度が
高まる

SECTION

09 サービスの品揃え看板

●「親切」の充実をお知らせする

突き詰めて言えば、お客様は「よい商品が、たくさん品揃えされていて、お値打ち価格で、より親切なお店」で買い物をしたいものです。

つまり、そのようなお店をつくれば、おのずとお客様は集まってくると言えるでしょう。

ここで紹介する「サービスの品揃え看板」とは、このうち「親切さ」をお店としてお客様にお約束するための看板です。

商品の品揃えが充実していることはもちろんのこと、サービスについても品揃えを充実させ、それを看板に記載してPRするのです。

美容室の「サービスの品揃え」の例です。

①担当者のご指名OKです。②施術前に十分なカウンセリングを行います。③イメージにあわない場合は技術保証いたします。④雨の日は傘を無料貸し出しいたします。⑤早朝・深夜のご予約ご相談くださいませ。⑥マイナスイオンでサロン内を空気清浄。⑦10種類以上のドリンク無料サービス。⑧お化粧直しサービスいたします。⑨アメニティグッズ（爪きり、綿棒、ストッキング）無料。⑩前髪カット500円にてサービス。⑪火曜日はベビーシッターデイ……など。

このようなお客様への具体的なメリットとなるサービスの品揃えは、「時々、お客様に言われたときはやっていること」とか「やろうと思えばできること」をスタッフみんなで列挙していけば10個、20個は軽く出てくるものです。

●宣伝にプラスアルファの効果

これらを看板化し、宣言することは、お客様を大切にするための「セーフティ・ネット（安心・安全を確保するための網）」をお店とスタッフに、しっかりと張ることにつながります。

サービスの品揃え看板は「看板そのもので、直接的にお客様のリピートを促進する」というよりも「それがあることによって、スタッフのサービスレベルが高まり、間接的にリピートを促進する」という役割があるのです。

お客様の「声なき不満足」を看板でリカバーする

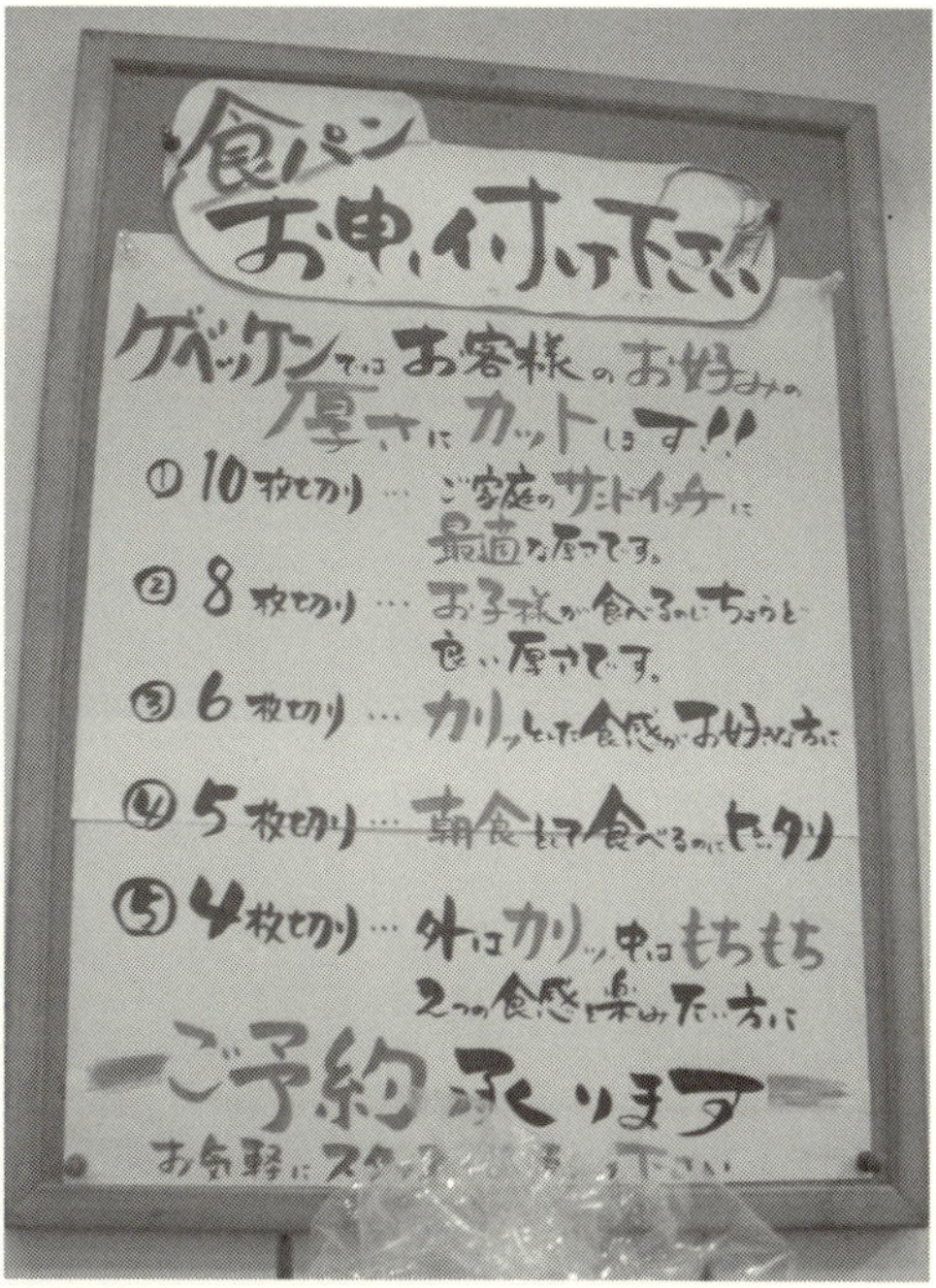

「食パンのカットの厚さをお申し付け下さい」というサービスの中身をさらに細分化したメニューとなっています。4枚切り～10枚切りまでの価値ポイントをとらえた看板

商品の品揃えだけでなくサービスの品揃えも充実させ、看板化する

「10のお約束」としてサービスをズラリと品揃えしています

SECTION

10 販促物と看板の相乗効果

チラシ、ホームページ、カタログ、ダイレクトメール、クーポン券などの「販売促進ツール」と看板を連動させ、相乗効果を生み出すと売上を増やすことが可能です。

●連動する販促物

まず、基本的なことですが、これらの販促ツールの中に看板を含めた「店舗写真」を、忘れずに掲載しておくことはできているでしょうか？　お客様が、新聞に入っているチラシを見たとき「あそこのお店がセールをやっているんだ！」と思い出していただけるような店舗外観写真を入れておくだけで、チラシ反響が向上します。

逆に、店舗の内外でこれらをお客様に簡単にお持ち帰りいただけるスペースを設けることはできているでしょうか？　店内のショップカードは、ご来店いただいたお客様からの「リピート・口コミ・紹介」誘発ツールとして最適です。「今日は別の都合があって、利用しないけれども、また今度、利用したいな……」と思うお客様に、店外の看板に付いている「チラシＢＯＸ」「クーポン券ＢＯＸ」は、ありがたいものです。

●看板と販促ツールの相乗効果を生み出す方法

チラシによるセールがスタートする直前から、店外からよく見える位置のＡ型看板や、ガラス面に、「○月×日より、セールスタート！」と大きく貼り紙をします。そして、チラシセールが始まると同時に、「セールのメイン特典」や「セールの最終日」を記載した紙を貼ります。このようにすると、セールの客数を最大化することができます。

定期的に「お誕生月」の割引ダイレクトメールを発送しているお店は多いはずです。しかし、この郵送費用は、年間を通してみればかなり大きいものになります。そこで、店内にお誕生月割引ハガキを貼り出す看板スペースをつくり、自由にお持ち帰りいただくようにしたところ、反応は以前よりもよくなり、郵送費用はゼロになりました。ご来店するたび、この「月替り」看板スペースを見ているお客様は、自分の誕生月の前月には、このように貼り出されることを、自然と認知してくれるようになるのです。

看板と販促物のコラボレーションでリピート率アップ

店頭のチラシBOX＋カードBOX

会社案内をカード化したものと、季節ごとのチラシの両方を持ち帰ることができる店頭。

スタンド看板とチラシBOXの組み合わせ

ショッピングセンターのテナント店舗などでは、お客様の動線を見極めて看板を出すことが必要です。

A型看板と貼り紙ポスターの組み合わせ

セール期間中は、その内容を看板の上から貼り付けて、店頭に変化をつけています。

パネル看板とお誕生日ダイレクトメールの組み合わせ

1ヶ月前から貼り出すことによって、リピート率が高まります。発送経費の削減にもなります。

SECTION

11 一気通貫の看板戦術

●お店に合った小物たちの効果

来客のために出されるお茶やコーヒー、これも大切な看板です。

①紙コップに入ったインスタントコーヒーなのか、②ブランドのコップに入った有名銘柄のコーヒーか、はたまた、③デザインや素材の面白いコップに入れた、手づくりのコーヒーなのか。

「安く、素早く」ということがセールスポイントのお店なら、①がよいでしょう。

「高品質、信頼性」ということがセールスポイントのお店なら②、「手づくり、オリジナル」がセールスポイントなら③が適しています。

このように、自分が販売している「商品」にふさわしい、一般的には「看板」として認識されていない看板たちを店内に配置することが、お客様をリピーターへと育てるのです。お客様は、ただその一点・一瞬でお店を判断しているのです。そして、この「一気通貫の看板戦術」を知り、自らをもその看板戦術のなかの「看板である」ということに気づいているスタッフがいるお店こそ、最強の看板マーケティングの実践者なのです。

●店内の看板になるもの

お茶、コーヒー以外にも、なにげなく、しかしお客様の目に多数触れる機会の多い「看板」があります。

たとえば、ＢＧＭ。ＡＭのラジオ放送か、ＦＭのラジオ放送か。ジャズか、ポップスか、クラシックか。

釣り銭用のトレイは、よく見るブルーのプラスチック製か、アンティークの真鍮製か、それとも釣り銭トレイは置かずに、直接手で受け渡しするのか。

観葉植物は、ナマモノか、造花か。背の高いものか、低いものか。花か、葉か、枝か。

照明は、白熱灯か、蛍光灯か。間接照明か、直接照明か。その他にも、イス、テーブル、冷暖房器具、棚……すべての備品や設備が「商品」と連動した「看板」となるように店内をつくるのです。

お客様の目にするものすべてが、ひとつの軸のもとにつながっている「一気通貫」の看板戦術です。

店内のアイテムはすべて商品を連動したコンセプトで

洗面スペースの蛇口～ハンドソープ。市販の「よく見かける商品」は使っていません

自販機から買ってきたペットボトルにもコースターを出してくれる事務スタッフの気配り

石材店の接客スペース。専門書が並び、店主の「石好き」をはかり知ることができます

結婚式場の駐車場入口に停められた旧車。アンティークな雰囲気を演出しています

写真館の待合スペース。照明、インテリア一つ一つにもこだわりを感じます。１撮影１組を基本とし、１組ごとに館内すべてを清掃し、次のお客様をお迎えしています

SECTION

7章

看板娘と看板男をつくり上げよう

SECTION

01 よいお店のはずなのに、なぜ売上が下がる？

●**オシャレな中庭のあるホテル**

あるホテルで経営セミナーを開催しました。

そのホテルには、緑が多い吹き抜けの中庭があり、お茶や食事のできるイスとテーブル、パラソルが置いてありました。

一緒にセミナーを開催した後輩のスタッフに尋ねました。

中西「どうして、このホテルでセミナー開催することにしたの？」

後輩「中庭スペースのあるオシャレなホテルですから」

中西「浅いなぁ、お前は表面しか見ていない……」

実際、数年後、このホテルは身売りし、大手チェーンホテルの傘下に入ってしまいました。

●**洋菓子チェーンの旗艦店舗**

営業部長と、店舗巡回を行っていたときのこと。数店舗を見て回った後、最も売場面積の大きな最新の旗艦店舗を訪問しました。

部長「オープンして6年経ちますが、業界でも注目の店舗で見学者が数多く訪れています」

中西「でも、ひょっとして売上は、低迷しているのではないですか？」

部長「えっ。実は2年連続で、昨年対比を割り込んでいるのです……」

中西「2つ前に見た小さな店舗のほうが、古いけど売上は伸びているんじゃないですか？」

部長「その通りです。なぜ、わかりますか？」

●**オープン絶好調のクリーニング店**

あるクリーニング店の新規店舗がオープンしました。ショッピングセンター隣の人通りの多い立地に、目立つ大きな看板を出したところ、売上は予定以上に伸び、社長は大喜びでした。

中西「でも、この新店は、すぐに売上が下がり始めますよ……。注意してください」

コンサルタントとして、延べ400社以上のクライアントとお付き合いさせていただくと、よくなる会社、駄目になる会社の見極めができるようになってきます。

よいお店の売上が下がる理由

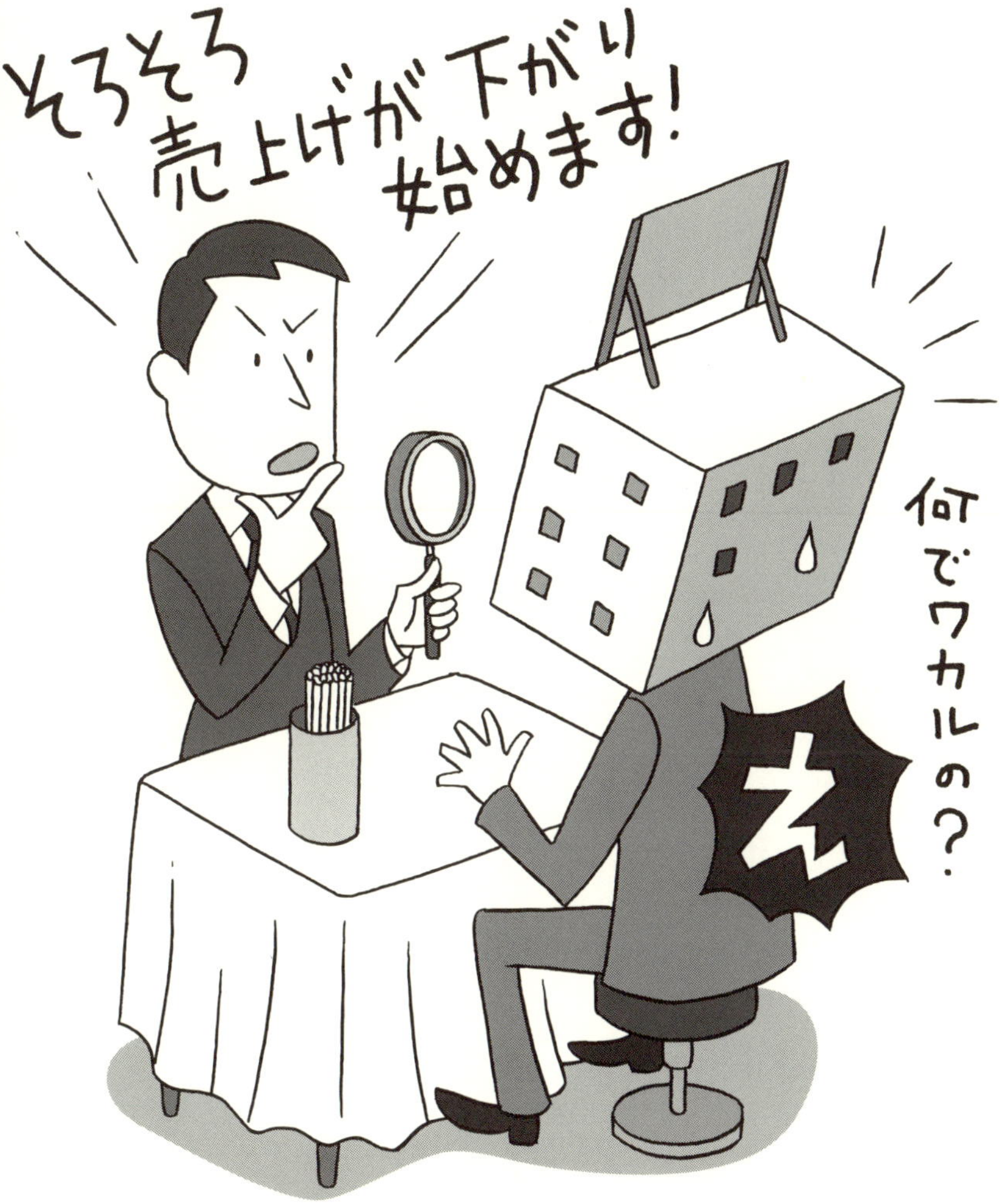
そろそろ
売上げが下がり
始めます!
何でワカルの?
え

SECTION

02 ここが違う、看板娘・看板男とただのスタッフ

●売上が上がらない理由はここにある

前のページで出てきたセミナーを開催したホテルは、中庭のイスやテーブルに、ホコリがたまっていました。おそらく数日間は、掃除をしていない様子でした。

洋菓子チェーンの大型旗艦店舗には「地域貢献」と「コミュニケーション」のために設けられた無料コーヒーコーナーがあるのですが、コーナーのゴミ箱には、お客様が飲み終えたカップが、山のように積み上げられたままになっていました。

クリーニング店の新規店舗では、受付スタッフが休憩時間中、店の看板の下でタバコを吸っているのを見かけたのです。

ご理解いただけましたでしょうか?

共通しているのは、自社のハード面の「よいところ」を、働くスタッフが理解せず、そこを磨きこむ努力をしていない点です。

●働いている人の認識

「よいところ」「ハード面」に甘えきって、商売をしている……、自分の足元を深めようとせず、それ以外に目線を向けて、売上を追求しようとしている……とも言い換えることができます。

このような「人」が揃っている会社は、間違いなく、衰退への道を歩んでゆきます。

その反対に、自社の「よいところ」や、お客様に支持されている点を、スタッフ全員が認識し、そこを大切に高めてゆこうとしている会社は、永く繁栄を続けることができます。これが看板娘、看板男と普通のスタッフとの違いです。

どんな会社にも、必ず「よいところ」が存在しているのです。それがあるから「売上」があるのです。売上は「下がる」ことはあっても、「ゼロ」のお店は、まずありません。

自分の「足元」を見つめることこそが、売上を上げ続けることの最重要ポイントです。それが理解できると、ビジネスモデルや新規事業、営業力強化などは、二の次、三の次で、よくなってくるのです。

答えは「よいところ」を意識していないスタッフ

03 「また来たくなる」看板＝人

●一番コストのかかる看板とは

一般に、看板は「高い」と言われています。屋上の広告塔や、ネオンサインなどを新設するためは、数百万円の費用がかかることもあります。

しかし、世の中で最もコストのかかる看板が、他に存在します。それは、何でしょうか？

答えは「人」です。

正社員なら、年間４００万円、社長は、「人」という看板にこれだけの金額を毎年、払い続けているわけなのです。私は「人」こそ、最も高価で、なおかつ価値ある看板であると考えています。

●看板マーケティングの最終到達点

これまでの章で、「商品そのものを看板にする」「植樹や花を看板にする」「建物を看板にする」など、一般的用語としては「看板」と言わないものまでも、お客様から見えるものすべてを「看板」ととらえ切ってこその「看板マーケティング」であると、説いてきました。その最終到達点が「人間の看板化」であり、これを成功させてこそ、お客様・スタッフ・社長が幸せになれるのです。

たとえば、外見。衣料品店のスタッフは、自店で売っている商品を身につけ、接客し、お客様に「あなたの着ている服を、そのままほしい！」と言われるようでなければなりません。クリーニング店のスタッフは、プレスがバシッと決まった清潔なシャツを着ていなければ、話になりません。その職種にふさわしい服装や髪型・持ち物、スタイルを自分自身で演出できる人は、よい「看板」の第一歩を踏み出していると言えるでしょう。

次に、立ち居振る舞い。「いらっしゃいませ」「ありがとうございました」などの一般的な接客用語を発するにしても、声の大きさや、トーン、タイミング、表情をどのようにすれば、自分のお店のコンセプトやお客様にお買い上げいただく商品にふさわしいのか？　ということを考えてみれば、何十、何百のやり方があることに気がつきます。

このことを理解し、実践しているスタッフこそ「看板娘」であり「看板男」なのです。

最も高額な看板、それは「人」である

お客様にお買い上げいただく「商品」と完璧に連動した「人」が看板。「商品」を象徴するような外見、動き、技を見せることが大切。

外見
- □ 髪型
- □ 化粧
- □ 服装
- □ 持ち物　など

立ち居振る舞い
- □ 声の大きさ
- □ おじぎの角度
- □ あいさつのフレーズ
- □ 表情
- □ 商品のお渡し方法

技
- □ 商品の特長を伝える言葉
- □ 作業、仕事中の動き
- □ 仕事によって鍛えられた筋肉

「人」が看板になり、おいしいラーメンをアピールする。「背中」でおいしいラーメンをつくり続けていることが感じられる

SECTION

04 花ひとつ、お茶一杯も「看板」と認識できるスタッフを育てよう

●スタッフの気持ちがあらわれるポイント

〝お客様に出す「お茶」も看板である〟

この言葉を理解し、日々、実践できるスタッフを増やせば、「看板マーケティング」の極意を完全にマスターしたと言えます。

物質としての「看板」そのものだけが「看板」ではなく、お客様が、目にするもの、感じるもの、すべてが「看板」であり、「商品」の生まれ変わりなのです。

では、それを看板だと気づかないのと気づくのとでは、スタッフの意識や行動にどんな違いがあらわれるでしょうか。

・「お茶」が看板と気づかない会社のスタッフ

いつ買ったかわからない、しかも自分では飲んだことのないお茶の葉を使っている。急須、茶碗を少々の汚れなど気にせず使っている。

「会社のルールで決まっているから、ご来客の場合は、いつものお茶を出している。お茶は、お茶だ」という考え方があらわれてしまった、効率優先、型どおりのあいさつ・表情・態度で、お茶を出す。

・「お茶」が看板と気づいている会社のスタッフ

自分たちで飲んでおいしいと思ったお茶の葉を、季節ごとに変化させて使っている。どんなお茶を出しているのか、スタッフ全員が知っている。急須、茶碗は水汚れひとつないほどきれいに洗うことにプライドを持っている。

愛着もわくので、こだわった茶器でお茶を出したい、もっとおいしいお茶の淹れ方はないのかなど、研究するようになってくる。

「わざわざ、会社に足を運んでくれるお客様に感謝の気持ちをお茶であらわしたい。当社の商品がお客様のお役に立てるということをお茶で感じてもらいたい。このお茶は私＝商品そのものだ」という気持ちがあらわれた、あいさつ・表情・態度で、お茶を出す。

お客様が目にする「お茶」そのもの、「お茶」を出す人そのものが「看板」なのです。

社内を飾る「花」や「木」にも、同じことが言えます。

「お茶」が、「私」が看板

ねえ！夏のお茶は何にしようか？
このお茶すごくおいしかったからこれにしては？・・・・・
どんな器に入れようか？お茶菓子なんかどう？？
どのくらいの温度のお湯がおいしいかなあ・・・
コップも急須もスポンジもピカピカに・・・・
スタッフのみんなへ 夏のお茶は・・・
あら！そうなんだ
いらっしゃいませどうぞ!!

SECTION

05 看板娘の集め方 I 条件で集めるな、「志事」内容で集めよ

どのようにすれば「看板娘」や「看板男」を集め、育てることができるのでしょうか？

「採用・選考方法」「入社3ヶ月間の育て方」「入社後、会社の理念と数字を植え付ける方法」とステップを踏んで、解説いたします。

まずは、「採用方法」です。面接に来てもらえる人数を増やすための取り組み事項です。

求人媒体は、無料のハローワーク、学校への求人票、工場・事務所前への貼り出しポスター、スタッフへの声かけ、仕入先・外注先・銀行・税理士など出入りの業者への声かけ、または、有料の求人雑誌、求人集合広告、ネット媒体、ここまでが、主要な媒体です。

ここで、まず大切なことは「自社のことをひと言で言いあらわすフレーズ」をつくらなければならないということです。

●会社の特長をひと言でアピール

ハローワークでも求人雑誌でも「会社の特長」「事業概要」を書く項目があります。ここに「業種名」を書くのではなく、自社の特長などを熱心に記入しておけば、面接希望者が増えるようになります。

たとえば、「県内有数の商業施設や、大手上場ショッピングセンターに入っています」「〇〇総合住宅展示場、13社のモデルハウス中、来場者数第一位のハウスメーカー」『マスコミでも話題の〇〇が有名なお店です！』「共に働く仲間との時間が、とっても楽しい……ちょっと変わったお店です」など。

このフレーズは、職探しをしていない人が聞いたり見たりしても、通用する内容であるかどうかということが、チェックポイントです。

「偶然、ハローワークで当社の求人票を見た一般のお客様が、行ってみたくなるような内容」を心がけて作成するのです。つまり、労働条件や待遇面の特長ではなく、会社の特長やよい点を全面に出したメインフレーズを設定します。

有料媒体に「求人広告」を出すなら、なおさら、このフレーズを磨きこみ、アピールする必要があります。

求人媒体別ワンポイント・アドバイス

求人媒体の活用方法

求人に関心のない一般のお客様が、偶然その募集内容を見ただけで、思わず注文したくなるほどの「自社のことをひと言で言いあらわす特長」を求人広告に表現する。

■各種求人媒体を活用する際のワンポイント・アドバイス

ハローワーク（公共の職業紹介所）／学校への求人票

コストがかからない反面、一般的には「あまりよい人材が集まらない」と言われています。しかし、これらの媒体については、募集要項を記入してくるだけでなく「担当者に熱意を伝える」ということが大切です。会社案内や会社の写真やスタッフを撮ったアルバム、自店の商品などを持って行き、どんな会社なのか、どんな人を採用したいのか？　ということを熱く語ってくることが必要です。職業紹介所も、就職担当教諭も、数多くの求職者と話をする機会があります。頭の中に自社のことを少しでも印象づける「営業」がポイントです。

店舗・工場前へのポスター貼り出し

大きなポスターを貼り出すなら、たとえば「貼り出しの期間は10日以内に限定」などのルールを設けたいところです。お店は基本的に「お客様のためにある」と認識してほしいのです。さらに、あまりに貼り出し期間が長すぎると、お客様に「ここは人が定着しないお店なのかなあ？」という印象を与え、販売に悪影響を与えかねません。

有料の求人広告（雑誌・新聞折込み）

大多数の求人広告は、他社との「集合広告」となっていますので、広告の「最競合地帯」と言えるでしょう。内容にこだわることはもちろん、勝ち抜くためには「スペース＝広告面積」を可能な限り大きく取ることが必要です。

まったく同じ業種で、同じ条件、同じ内容の求人広告を出したとしたとき、面接希望者の数は広告面積比の２乗に比例します。

つまり、広告面積がＡ：Ｂ＝２：１であったとき、面接希望者の数はＡ：Ｂ＝４：１になります。広告面積がＡ：Ｂ＝３：１なら、面接希望者の数はＡ：Ｂ＝９：１となります。

SECTION

06 看板娘の集め方Ⅱ 今のスタッフのDNAを活かせ

●ほしい人材に聞くほしい人材

次に「どんな人材がほしいのかをあらわすフレーズ」を決定します。

これは、現在、自社で働いているスタッフにヒアリングをかけながら、決定してゆくことをおすすめします。

まず、自社スタッフの中で、社歴が2～3年目で「こんなスタッフが増えたらいいなあ……」というモデルとなるスタッフを選びます。

そして、このような質問をしてみてください。

「どんな求人媒体を見ていた?」「前職は?」「前職を辞めた理由は?」「他にどんな業界や、会社を探していた?」「他の業界や、会社にせず、この業界、うちの会社にしようと思った理由は?」

つまり、「やる気あふれるスタッフ求む!」「高収入も可能」など経営者サイドの一方通行フレーズではなく、現に自社で働いてくれているスタッフから「求める人材像」「元々、どんな思考回路で当社に勤めるようになったのか?」を導き出したほうが「集人」できるフレーズを生み出しやすいのです。

たとえば、

・墓石店の施工スタッフの場合

「建築業界を考えていました。でも、1年中ずっと現場っていうのが嫌で、あと、時間と収入が不規則すぎるのも……」――このようなヒアリング結果だとします。そうしたら「3分の1が工場内、3分の2が現場。時間面でも収入面でもバランスよく働きたい若手職人さんへ」というフレーズの広告を建築職人募集広告の多い媒体に掲出します。

・営業スタッフの場合

「接客できる仕事が好きなので、そっちの方面を探していました。ホテルなども探しました。バリバリの営業となると成績を追及されるので嫌でした」――このようなヒアリング結果だとすれば、「喜ばれて、稼げる接客しませんか? ニーズが高いので売りやすく、販売ノルマはありません」このような広告を、一般募集広告に掲出します。

パターン1 ● 1本釣り式採用広告

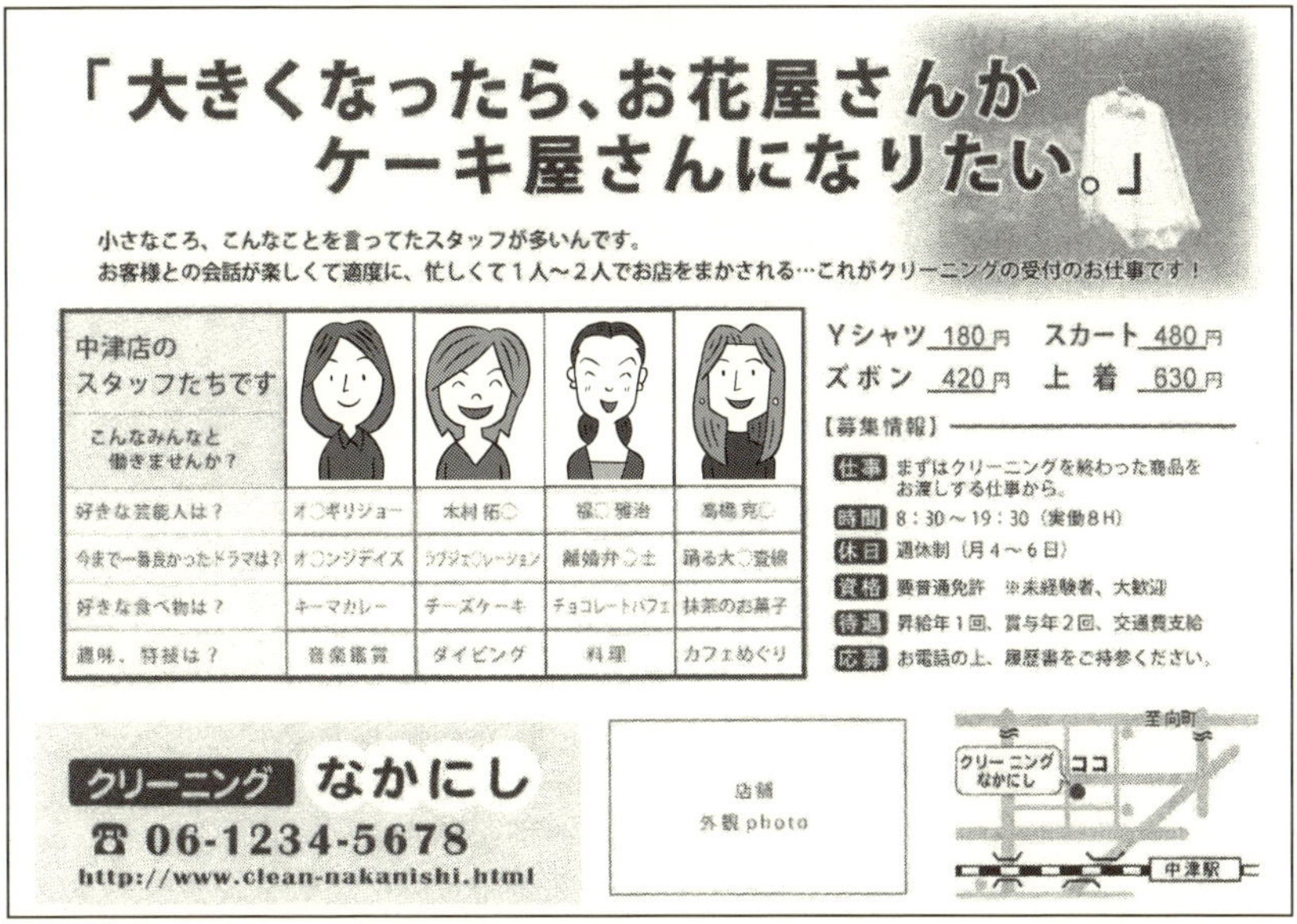
「大きくなったら、お花屋さんか
ケーキ屋さんになりたい。」
小さなころ、こんなことを言ってたスタッフが多いんです。
お客様との会話が楽しくて適度に、忙しくて1人～2人でお店をまかされる…これがクリーニングの受付のお仕事です！
中津店のスタッフたちです
こんなみんなと働きませんか？
好きな芸能人は？ オ◯ギリジョー 木村拓◯ 福◯雅治 鳥橋克◯
今まで一番良かったドラマは？ オ◯ンジデイズ ラブジェ◯レーション 離婚弁◯士 踊る大◯査線
好きな食べ物は？ キーマカレー チーズケーキ チョコレートパフェ 抹茶のお菓子
趣味、特技は？ 音楽鑑賞 ダイビング 料理 カフェめぐり
Yシャツ 180円 スカート 480円
ズボン 420円 上着 630円
【募集情報】
仕事 まずはクリーニングを終わった商品をお渡しする仕事から。
時間 8：30～19：30（実働8H）
休日 週休制（月4～6日）
資格 要普通免許 ※未経験者、大歓迎
待遇 昇給年1回、賞与年2回、交通費支給
応募 お電話の上、履歴書をご持参ください。
クリーニング なかにし
☎ 06-1234-5678
http://www.clean-nakanishi.html
店舗外観 photo
至向町
クリーニングなかにし ココ
中津駅

たとえ面接に来る人は少なくても、来た人は戦力として定着しやすい「一本釣り式採用広告」

パターン2 ● 投網《とあみ》式採用広告

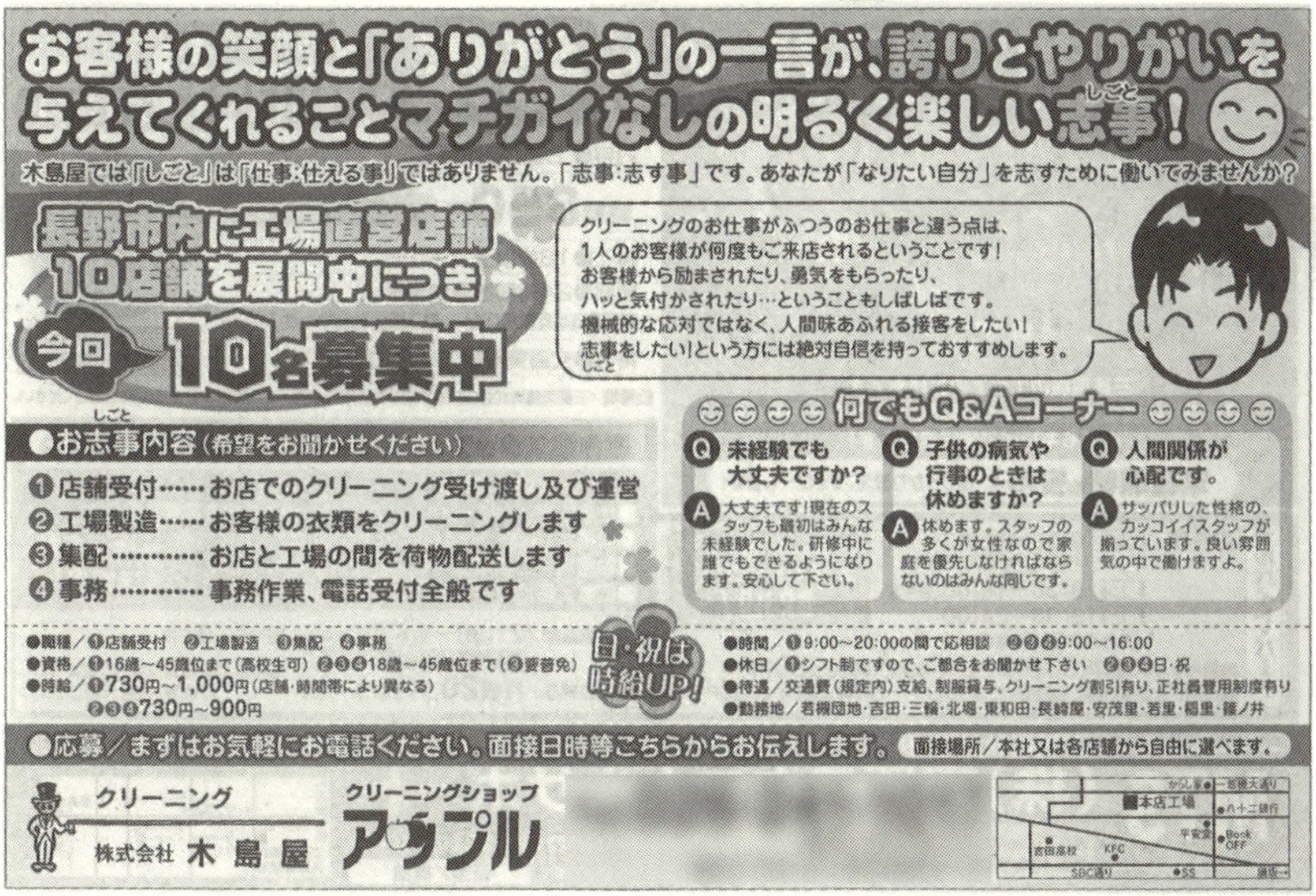
お客様の笑顔と「ありがとう」の一言が、誇りとやりがいを
与えてくれることマチガイなしの明るく楽しい志事《しごと》！
木島屋では「しごと」は「仕事：仕える事」ではありません。「志事：志す事」です。あなたが「なりたい自分」を志すために働いてみませんか？
長野市内に工場直営店舗
10店舗を展開中につき
今回 10名募集中
クリーニングのお仕事がふつうのお仕事と違う点は、
1人のお客様が何度もご来店されるということです！
お客様から励まされたり、勇気をもらったり、
ハッと気付かされたり…ということもしばしばです。
機械的な応対ではなく、人間味あふれる接客をしたい！
志事《しごと》をしたい！という方には絶対自信を持っておすすめします。
何でもQ&Aコーナー
Q 未経験でも大丈夫ですか？
A 大丈夫です！現在のスタッフも最初はみんな未経験でした。研修中に誰でもできるようになります。安心して下さい。
Q 子供の病気や行事のときは休めますか？
A 休めます。スタッフの多くが女性なので家庭を優先しなければならないのはみんな同じです。
Q 人間関係が心配です。
A サッパリした性格の、カッコイイスタッフが揃っています。良い雰囲気の中で働けますよ。
●お志事《しごと》内容（希望をお聞かせください）
❶店舗受付……お店でのクリーニング受け渡し及び運営
❷工場製造……お客様の衣類をクリーニングします
❸集配…………お店と工場の間を荷物配送します
❹事務…………事務作業、電話受付全般です
●職種／❶店舗受付 ❷工場製造 ❸集配 ❹事務
●資格／❶16歳～45歳位まで（高校生可） ❷❸❹18歳～45歳位まで（❸要普免）
●時給／❶730円～1,000円（店舗・時間帯により異なる）
❷❸❹730円～900円
日・祝は時給UP！
●時間／❶9:00～20:00の間で応相談 ❷❸❹9:00～16:00
●休日／❶シフト制ですので、ご都合をお聞かせ下さい ❷❸❹日・祝
●待遇／交通費（規定内）支給、制服貸与、クリーニング割引有り、正社員登用制度有り
●勤務地／若槻団地・吉田・三輪・北堀・東和田・長崎屋・安茂里・若里・稲里・篠ノ井
●応募／まずはお気軽にお電話ください。面接日時等こちらからお伝えします。
面接場所／本社又は各店舗から自由に選べます。
クリーニング
株式会社 木島屋
クリーニングショップ
アップル
本店工場
八十二銀行
Book OFF
吉田高校
KFC
SBC通り
SS

面接にとにかく数多くの人を集め、その中から戦力を見つける「投網式採用広告」

SECTION

07 看板娘の育て方 I 入社後3ヶ月間の育て方

入社したスタッフは、一刻も早く戦力化したいので、すぐに仕事の「やり方」を教えていきたいところですが、会社の看板になってもらうためには、仕事の「あり方」を教える時間をできるだけ多くとりたいものです。

「やり方」とは「パソコンソフトの使い方」「電話のかけ方」「機材の調整の仕方」など、すぐに身につけなければならない仕事です。

「あり方」とは「パソコンソフトを使って、こんなデザインができるようになる」「電話でこんなに親しくお客様と話せるようになる」「機材の調整によってこのように商品の仕上がりがよくなる」など、こんな仕事ができるようになり、こんな楽しい経験ができるようになるという未来の自分の姿です。

●「なりたい」をイメージできる育て方

最終的な完成形を見ずにパズルを組み立ててゆくのは、至難の業です。自社の仕事の「完成形」である「あり方」をまず見せ、「こうなりたいな……」という本気の気持ちになってもらったうえで、そうなるための「やり方」を教えてゆくと、スタッフの定着率が上がります。

高校球児は、先輩たちの活躍する姿を見て「自分もこうなりたい」と思うからこそ、苦しい練習に耐えることができるのです。「腕立て伏せ100回」という練習は、ボールを速く投げたり、遠くへ飛ばしたりすることのできる筋力をつけるためにやっているのです。

最終的な目的や、なりたい姿を、新人スタッフにはっきりとイメージさせずに「腕立て伏せ100回」の「やり方」を教えてはいませんか?

入社してすぐに「やり方」だけを教えられたスタッフは、仕事の量が多いとすぐに辞めてしまいます。それでも辞めないスタッフは、自分の作業効率を優先し、お客様のことは二の次にして仕事をしてしまいますので、必然的に売上は下がってゆきます。

入社後3ヶ月のうちに「あり方」を感じ、気持ちを高めてもらうためには、「モデルとなる先輩スタッフと、可能な限り現場で第一線を共にすること」これが一番の方法です。

最初に「こうなりたい！」というイメージを持ってもらう

SECTION

08 看板娘の育て方 Ⅱ 理念と数字の植え付け

これまで、約500社以上の経営者のみなさまに、コンサルティングを行ってきて、「伸びている会社に共通していること」を発見しました。

それは、「看板娘」を育て上げる「組織風土」と言っても過言ではありません。

①理念が浸透していること、②数字への意識が全員に浸透していること、③コミュニケーションの時間を多くとっていること。この3つが共通点です。

①理念：「何のために働くのか?」「何のために我々は存在しているのか?」という大義名分が、スタッフに対して、わかりやすく示され、全員がこれを認識しています。

②数字：入社したときから、いつも数字・実績を意識して仕事をしています。営業のみならず、工場部門や経理部門も「労働時間」ではなく、同様の評価の中で、仕事をします。

③コミュニケーションの時間：身近な先輩がよく働くから、後輩も働くのです（正確に言えば、働かざるを得ない……）。共に過ごす時間が長くなり、①②が浸透しやすくなります。

●社長の理念を浸透させる

これらは、社長が一人で創業して間もないとき、あるいは、まだ小さな規模だったころに、ご自身がやっていたことです。それを、現在の規模でも、妥協せず、やり続けることができるかどうか、ということが、力強く伸びる会社づくりの条件です。

言い換えれば、できるだけ多くのスタッフが納得できる「社長の常識」を、「押し付ける」ことが必要である、ということです。

「社員やアルバイトにここまで要求するのは酷だろう……」「これは、社長である自分の仕事だ……」と「社長の仕事」「従業員の仕事」を分けはじめた時点で、看板娘が育たなくなってきます。実は「俺がやっているんだから、お前たちも同じことをやってくれ」という感覚で、スタッフに接している会社にこそ、看板娘が育つ土壌があるのです。

「見える化」と「書くこと」による数字意識の浸透

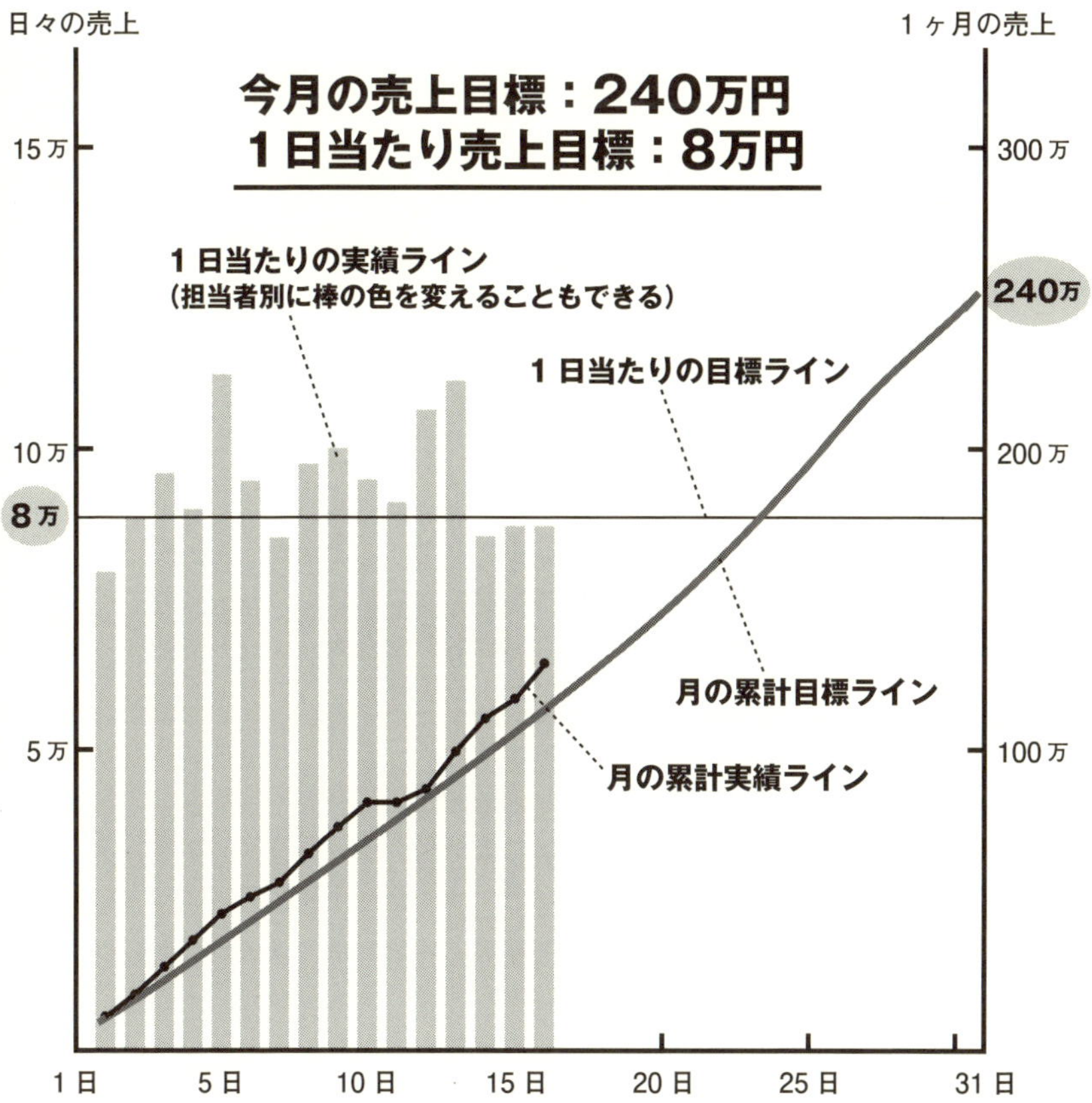

売上を自分たちで記入し、その意味を把握し、全員で共有することによって数字意識が浸透してゆく

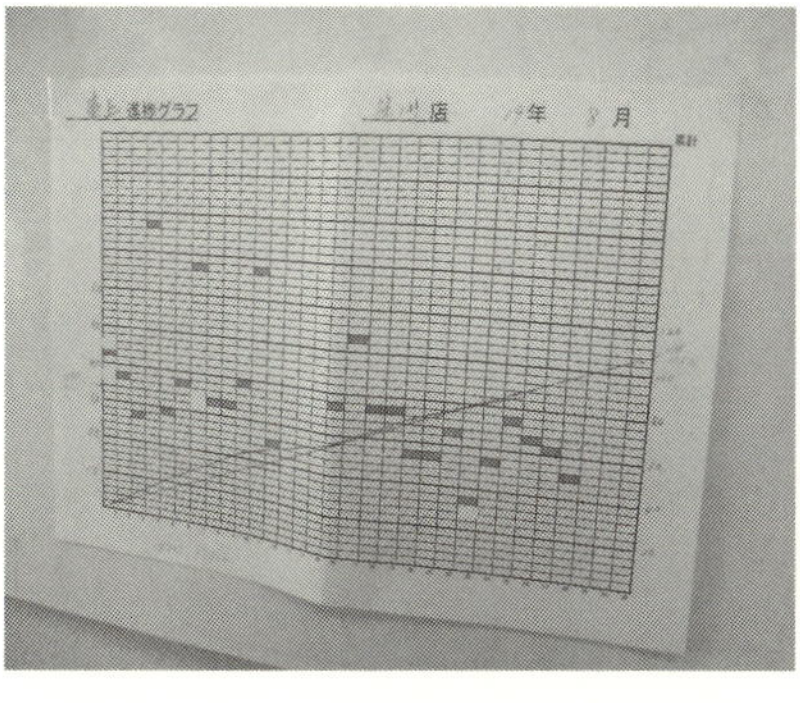

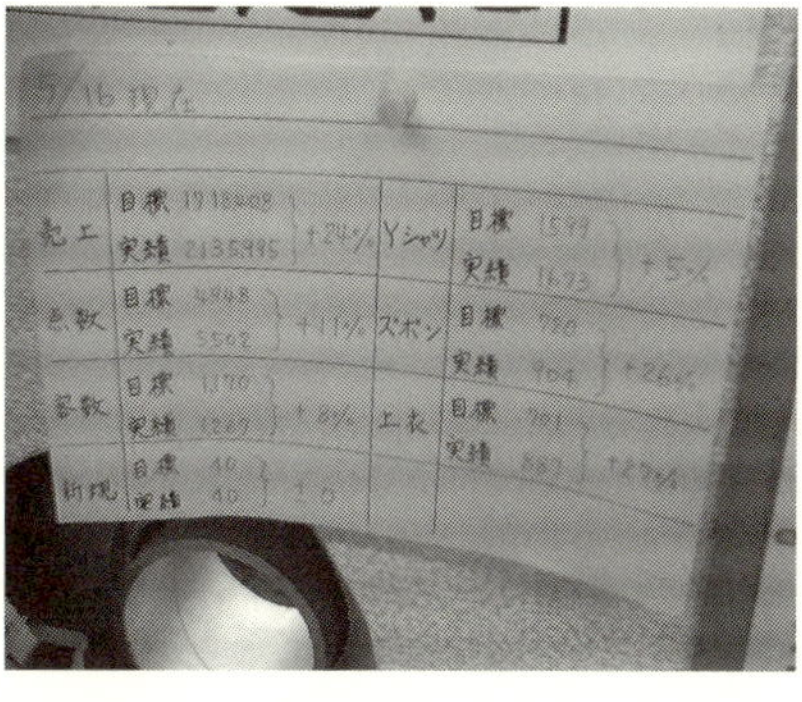

SECTION
09 看板娘をほめる場をつくろう

スタッフが「本気モード」で行動するとき「そうしよう！」と判断する基準は、「こうあるべきだ」という言葉や、「取扱説明書」のような一般的なマニュアルではなく、過去に自分の身近で起こった事件や事例にあります。

組織をよい方向に導くためには、スタッフが行ったよい事例にスポットライトを当て続け、他のスタッフにも伝えていくことが大切です。そして社長自ら「私はうれしい！」と、ストレートにほめるのです。

スポットライトを当てる場は、年に1度か、2度くらいのスタッフみんなが集まる機会。たとえば、食事会やミーティング、経営計画の発表会などの中に「表彰式」という場を設定することをおすすめします。

●会社にとって必要なポイントで表彰する

誰を表彰するのか？　ここに社長の「価値基準」が出ます。表彰しているということは「こんなスタッフが数多く出てきてほしい」ということを、声大に発言しているると同義以上の効果があるという認識を持っていただきたいのです。

売上数字の達成が著しいスタッフを表彰すれば、売上を上げようとするスタッフが増えます。お客様に感謝されたスタッフを表彰すれば、お客様志向のスタッフが増えます。優れた技術を身につけたり、技術を開発したスタッフを表彰すれば、技術開発に取り組むスタッフが増えます。

「あれもこれも」と、よいことはすべて表彰したいという気持ちは理解できますが、今、そしてこれからの会社にとって何が必要なのか？　ということを、しっかり見極めてから、表彰を行うようにしたいものです。そして、表彰の際には、その理由をわかりやすく、じっくりと話してほしいのです。

気をつけたいのは、社長とスタッフが、いつでも一緒にいるわけではない……という大人数の会社の場合、社長の目や耳に飛び込んでくる事件や事例だけを見て受賞者を決めるのではなく、現場のリーダーの声をよく聞いて、輝く原石を表彰するということなのです。

表彰式はほしい社風をつくり上げてくれる

10 看板娘たちのエピソード小冊子

年に1度だけ、スタッフたちにこんな宿題を出します。

「この一年間、仕事をしてきた中で、一番感動したことを作文にしてください。できるだけ具体的なエピソードとして書いてもらうために、①いつ②誰と③どこで④何を⑤どうしたのか⑥どう感じたのか……を、「第三者が読んでもわかるように書いてください」と注意書きをつけておきます。

スタッフ一人一人の文章に、目を通してゆくと、面白いことに気づきます。文章の構成や、字の上手い下手は別問題として、お客様に支持されているスタッフは、作文を読んでいるこちらが「グッとくる」ような、感動体験を書いているのです。逆に「拘束時間だけ働いている」「お給料をもらえればそれでよいという感覚」のスタッフは、感動体験を書けないことが多いのです。

●「感動」を共有する

感動の「深さ」は、仕事の質に比例すると言ってもよいのです。

集まった作文は「文集」にして、研修会や勉強会の場で、全員に配ります。

普段、身近にいるスタッフのことでも、意外に「一番感動した事件は何か」ということを知らないことが多いのではないでしょうか？

スタッフ一人一人の身近なエピソードを「文集」にして読めるようにすると、「こんな行動をすれば、お客様やスタッフのみんなは喜んでくれるんだなあ」「自分のやっている仕事は、こんなにもすばらしいんだなあ」ということを共有できるようになり、真似するスタッフが、一人、二人と増えてゆくようになります。

感動の「深さ」と「広さ」を拡げることが、看板娘を生み出してゆく土壌をつくります。また、毎年、継続して作文することによって、着実なスタッフの成長を感じることができます。何年か分のエピソードを編集すれば、小冊子になります。新人スタッフが入社してきたときに、まず読ませるもよし、店頭に配置しておいて、希望するお客様に読んでいただくもよし、自社の大きな財産がカタチとなります。

感動の「広さ」×「深さ」が看板娘を生み出す「ゆりかご」

年に１度の作文の中から、傑作集を小冊子化したもの。新人教育の資料として活用したり、希望するお客様に配ったりする

SECTION

01 よくわからない…看板屋さんのこと、値段のこと

02 十人十色の看板屋さんが存在している

03 看板業界の実際

04 よい看板製作会社の探し方 I

05 よい看板製作会社の探し方 II

06 価格だけで選ぶのは危険、看板製作会社の選び方

07 看板製作会社へのオーダーの出し方

08 看板の費用の目安、安く抑える方法 I

09 看板の費用の目安、安く抑える方法 II

8章

よき看板製作業者と巡り会う方法

SECTION

01 よくわからない…看板屋さんのこと、値段のこと

●看板屋さんへの疑問

「看板を注文したいけれど、どこに頼んでよいのか、わからない」

「看板をつくったら、どのくらいの価格になるのか、検討がつかない」

「看板をつくるにあたって、どんな看板にすればいいかアドバイスがほしい」

「デザインセンスのよい看板屋さんを知らないか？」

様々な業界の経営者・幹部の方から、このような「看板を変えたい」という相談をよく受けます。

看板屋さんは、他の広告媒体の業者さん（印刷会社、広告代理店、ウェブ制作会社など）と比較して、あまり営業活動に積極的ではないので、みなさんの目に触れることが少ないのが現状です。

しかも、チラシや名刺などの「紙媒体・消耗品系の販促ツール」と違って、頻繁に発注することもありませんので、相場の価格がどのくらいなのか、どんな種類があるのか、どこに注文すればいいのかさえも認識されていないことが多いのです。

●看板屋さんがつくる「売上アップの看板」

私は、現在、小売店やサービス業の他に、「看板屋さんが、いかにして依頼先の業績を上げる看板をつくるか？　いかにして依頼先を見つけるか？」というテーマで、看板屋さんへの業績アップコンサルティングも行っています。

つまり、看板を注文する側と、注文される側。

両方の立場を、現場レベルで十分に理解し、「お客様の支持を集める看板づくり」という共通テーマを実践している人間として、第三者的に、実際に看板をつくる際、どのように看板屋さんを選び、付き合えばよいのか？　というポイントを知っています。

今までの項目で、つくりたい看板のイメージができてきたと思います。

この章では実際に「よい看板製作業者と、集客できる看板をつくり上げてゆく方法」をご紹介していきたいと思います。

よい看板をつくるためには、よいパートナーと巡り会うことが大切

SECTION

02 十人十色の看板屋さんが存在している

●看板製作会社は下請けが多い

これまでの章では「看板製作会社」「広告代理店」「店舗装飾業者」の3者を総称して「看板屋さん」と呼んできました。この章ではわかりやすくするため、いわゆる「看板屋さん」を「看板製作会社」と呼び、説明していきます。

看板製作会社が、馴染みが薄い最大の理由、それは、彼らが数多くの看板の仕事を「広告代理店」や「店舗装飾業者」「建設会社」、あるいは「大きな看板製作会社」などから、下請けしているからです。ですから、「オモテ」に出てくることがあまりないのです。

つまり、受注力があり、提案力があり、デザイン力がある「他業種の会社」に看板の仕事をとってきてもらい、その発注書どおりに「看板」「のぼり」「ポスター」などを出力したり、加工・取り付けするという仕事を主体としている看板屋さんが、意外に多いのです。

しかし、みなさんからの注文を「歓迎していない」というわけではありません。それどころか、直接、仕事を発注してくれるクライアントは、大歓迎されます。

ただ、「川上」に強力なパイプがあるので、あまり「自分でお客様を開拓する」必要性がなかった……というのが、実際のところでしょう。

●希望の看板を考える

以上を踏まえて、発注サイドの立場からお話をしていきましょう。

まず「多少、自社で施工をしていなくても、デザイン性を重視したい」という方は、現在、取引のある広告代理店や、店装業者に、看板を発注するのがベストでしょう。

もちろん、実際の施工などは、看板製作会社に外注することになりますが、提案力やデザイン力のレベルが、高い位置で安定していますし、窓口スタッフとのやりとりもスムーズに運ぶはずです。

「直接、看板を実際につくっている人に発注して、安くよいものをつくりたい」という方は、看板製作会社に直接発注するのがベストです。

看板製作の代表的な流通経路

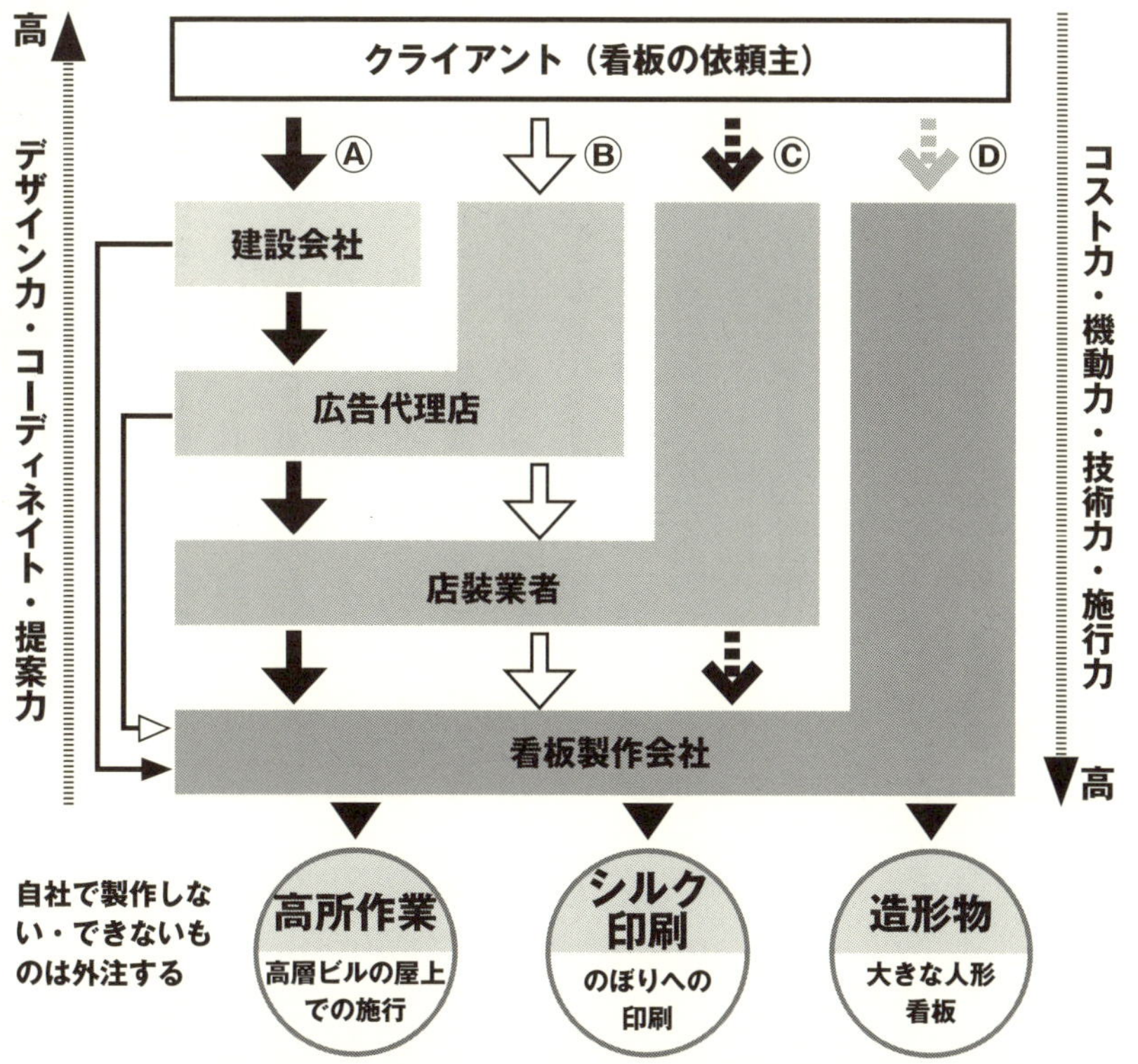

流通経路のタイプ

Ⓐ	主に新築するときの流通経路。看板を「後付け」するよりも、一体感が出せる、効率がよいというメリットがある
Ⓑ	デザインのレベルが高く、安定している 他の販促物との連動性も高く、トータルでの提案ができる
Ⓒ	店舗リフォーム専門知識を持っている 看板店との関わりも深く、外回りの改造や内装も得意分野
Ⓓ	デザイン、提案面に実力があれば、コストや機動力、技術力の面でメリットが大きい

SECTION
03 看板業界の実際

●時代とともに変化する看板の製作技術

今、筆で絵を書いている看板製作会社は、ほとんどいなくなりました。シートを重ね合わせて貼るだけの看板製作会社も、だんだん少なくなってきました。

現在では、パソコンでデザインしたものを、業務用の大きなインクジェット出力機に通し、それを板面に貼り付けたり、厚いビニールに印刷したりして看板を完成させる方法が主流となってきました。

この「業務用の出力機」を、自社で持っているということは、安くよい看板をつくるためのひとつの基準になるかもしれません。

看板製作会社の仕事は、まるで小学生のときの「図画工作」の授業が、そのまま仕事になったような商売です。壁に絵を描くこともあれば、ポスターをつくることもある、光を使ってアート空間をつくることもあり、運動会の玉ころがしのような造形物を自由自在につくることもできる……。実に器用に、形あるものすべてをつくり出してゆきます。

ほとんどの看板は、時間さえあれば、色々な材料を組み合わせて自社でつくってしまいます。

●外注と自社施工の差はあるのか？

しかし、自分で「何でもできてしまう」会社が多いからこそ、ある一定の分野に特化した看板製作会社が出現しています。このように看板製作会社や広告代理店から特定の分野の看板作成の仕事をもらって納品しているという専業の看板製作会社が非常に多い業界でもあるのです。

つまり「看板業」とひとくくりにできないほど、性質の異なる看板製作会社が存在しているのです。

そのため「外注なら高くなる」ということは、一概に言えません。

「自分が主として頼みたい看板を、看板製作会社が、自社施工しているに越したことはない。しかし、外注に出していても、その外注業者のレベルが高ければ、自社施工よりもよい看板が安くできることもある」というのが結論です。

スペシャリストたちのコラボレーションで看板は完成していく

多種多様な特徴を持った看板製作会社の例
カンバン
かんばん
カンバン
一般的な看板製作会社の他にも数多くの「専門」の看板屋業者が存在し、互いに協力しあいながらひとつの案件を完成させてゆく
かんばん
のぼりなど布系の素材に印刷するのが得意な業者
カンバン
高層ビルなど高所での作業が得意な業者
大型インクジェット出力専門の出力屋さん
カンバン
ネオン、LEDなど光る看板が得意な業者
看板王
立体的な造形物をつくるのが得意な業者
W.C
受付
室名札、ポスター、POPなど小さな看板が得意な業者

SECTION

04 よい看板製作会社の探し方 I

具体的に、よい看板製作会社とコンタクトを取る方法について、ご紹介します。

まずは、知り合いの中に、看板製作会社がいれば、声をかけるのもよいでしょう。しかし、親しいがゆえにビジネスとして、はっきりと言いたいことを言えないケースも多々ある……ということもあるので、その点だけを注意しておく必要があります。

また、少しだけ勇気を振り絞って、「これはいい看板だな……」「こんな看板をつくりたいな……」という看板を出している異業種のお店に飛び込んでみるのもよい方法です。

「お忙しいところ、申し訳ありません。私もこんな看板をつくりたいのですが、誰につくってもらったのですか？」と聞いてみるのです。

私が店舗を始めるなら、この方法をとります。

●看板製作会社を見つける方法

「知り合いもいないし、飛び込む勇気もない」という方のために一般的な看板製作会社の探し方をご紹介します。

①ダレクトメールやチラシなどの集客ツール

自社の商品やサービスの内容を、チラシや会社案内に表現して、配布している看板製作会社も存在しています。このような営業活動やマーケティングに積極的であるということは、クライアント（依頼先）の「売上アップに貢献する」という姿勢も、看板業界のなかでは、高い部類に入る業者であると判断できます。「看板で売上を上げたい」という発注側にとっては、「共通用語」で話せる相手であることが多いのです。

②電話帳広告

電話帳広告、特に「ビジネス版」のタウンページには、前述の「下請け」の仕事を主体に動いている看板製作会社も含め、ほとんどの看板製作会社が収録されています。

そのなかでも、ある程度の大きさで広告スペースをとっている会社は「下請け」主体ではなく、顧客との直接取引を志向する会社であると判断できます。「デザイン力」「マーケティング力」があると判断することができます。

自らもマーケティングに熱心な看板製作会社が存在している

気軽に立ち寄ることのできる看板ショップの展開

魅力的な電話帳広告

顧客との接点を増やすためのダイレクトメール

このような取り組みを行っている看板店は、前向きに経営を勉強しているので、「売上が上がる」看板を提案、製作してくれる可能性が高い

05 よい看板製作会社の探し方Ⅱ

③ホームページ

前向きな看板店は、ホームページの中身が充実しています。

ヤフーやグーグル等の検索サイトで「看板」というキーワードと「地域名」のダブルキーワードで検索して、自社単独のホームページを持っている看板製作会社を中心に探すことがおすすめです。

ホームページの中身でチェックすべきポイントは、ホームページ自体の見やすさやこだわりが表現されているかどうかという点です。

しかし、なんと言っても「カラー」で表現されるというホームページの特長を活かして、その看板製作会社が手掛けたデザインや加工のセンスが、自社のイメージに合いそうかどうか？　という基準で選ぶのが、最も間違いない選び方でしょう。

施工例やモデル案を見れば見るほど、自分のお店で出したい看板のイメージももっと明確になっていくはずです。

ホームページ上で、のぼりや垂れ幕、室名プレート、スタンド型の看板など、設置・取り付け・施工が自分で簡単にできる看板を通信販売している業者さんもあります。

●どこまでイメージができているかで業者を選ぶ

デザインのイメージなどが完璧に決まっていて、理想的には看板のデザインは自社である程度できるくらい、パソコンでのやりとりに慣れている方は、通販での注文もよいでしょう。

打ち合わせをしながらデザインを決めたい、デザインは業者さんに依頼したい、あるいは現物を見なければ安心できない……という方は、地元の看板製作会社と顔をあわせて注文するのがベストです。

知り合い関係で「よい」看板製作会社をあたってみる、よい看板を出しているお店に飛び込んで紹介してもらう、看板製作会社が出している「広告媒体」から情報を得る、この3パターンがよい看板業者と巡り会う方法と言えるでしょう。

看板ができるまでの流れ―契約まで―

1 問い合わせ

TEL、FAX、メールなどで看板をつくりたい旨を伝えます。価格のことを聞くだけでなく、まず会ってみることがおすすめです。電話応対≒品質であることが多いので、価格の高低よりも電話応対の雰囲気、会話内容で会うかどうかを決めてください。

↓

2 現地打ち合わせ

現地で、どこに、どんな看板を取り付けたいのかを打ち合わせします。自分のイメージが伝わりやすいようにモデルとなる看板の写真や簡単な手書きイラストを用意するとよいでしょう。
あいさつ、名刺、服装などの雰囲気とともに、説明用のツール類もわかりやすいかどうか、チェックしましょう。

↓

3 見積り・プレゼンテーション

看板の大きさ、素材、設置方法などが決まれば、見積り価格が算出されます。
このとき、その店にあわせた簡単な完成予想写真（シミュレーション提案）をつくってくれる親切な看板業者もいます。価格の高低だけではなく、「価値」を見極めて業者選びを。

↓

4 契約

見積りに納得してからの正式契約となります。支払いの方法は金額・会社によって様々です。数百万円の高額契約の場合は「着手」や「デザイン完成」の時点での入金が必要なことがあります。

SECTION

06 価格だけで選ぶのは危険、看板製作会社の選び方

●「相見積り」を取って選ぶ

初めての取引で、発注金額が数十万円以上になりそうであれば、2~3社の看板製作会社に声をかけてみるのがよいでしょう。いわゆる「相見積り」です。

その際のチェックポイントをいくつか、上げてみます。

①**電話応対**：「ありがとうございます。○○看板です」など、基本的な受け答えができているかどうか？ 職人系の業界ですから、多少の荒っぽさはあるかもしれません。誠心誠意の対応が伝わってくるかどうかを一番の問題としたほうがよいかもしれません。

②**価格に対する返答**：「こんな看板を取り付けたいのですが、どのくらいかかりますか？」という質問に対する返答だけを聞いて、高い・安いを判断してしまうことは危険です。インクやシートの種類、デザインの内容、看板自体の素材、取り付け・補強方法などによって、価格は2倍以上の開きになることもあります。

そのために、直接会って人物や会社を確かめ、現場を見てもらうことをおすすめします。

③**会社の内容を確かめる**：看板製作会社を直接訪問し、実際に会社を見ることができれば、それに越したことはありませんが、多くの場合は「現場に来てもらい、見積りしてもらう」というスタイルが多いので、人物そのもの（服装や顔つき、靴の脱ぎ方やあいさつの方法、言葉遣い、時間厳守など）と、営業ツール（会社案内、名刺、施工写真、商品カタログなど）から信頼性を確かめます。

④**施工実績写真・デザイン**：「当社は、有名企業の看板も施工しています」という営業トークは、看板製作会社の常套手段です。しかし、その多くは「広告代理店」や「店装業者」「建設会社」の下請けとして発注書どおりに仕事をしたに過ぎないことが多いので、よく確認しましょう。「この有名企業から、直接注文を受けた仕事ですか？」「このデザインは、御社のスタッフが提案してつくったものですか？」

最も大切なのは、依頼主から直接オーダーを受けて仕事をした施工実績と言えるでしょう。

看板ができるまでの流れ―契約以降―

5 デザイン

看板のフレーズ、イラスト、写真、文字、カラーなどを決定します。見積り時に打ち合わせしたおおまかなデザイン内容を、さらに詳細に詰めていきます。自分のイメージを伝えるためにモデルとなる写真や手書きのラフスケッチを用意するといいでしょう。

↓

6 制作

デザイン確定後は、工場内で看板を制作します。パソコンや機械による先端技術と、切る、貼る、書く、打つ、塗るなどの伝統的な技術を組み合わせてつくっていきます。この段階では根本的な修正や変更は効かなくなりますのでご注意を。

↓

7 施工

看板の取り付け位置を最終確認後、看板を取り付けます。大型の看板の場合、転倒・破損を防ぐための強度計算や申請などの法令・条例を守り、丈夫なものをつくらなければなりません。
ある程度の施工時間の目安は算出されますので、営業時間との調整等も可能です。周辺への配慮がしっかりできる業者がおすすめです。

↓

8 完成

完成した看板を確認。気になるところはその場で聞いておきましょう。
記念撮影もお忘れなく。

SECTION
07 看板製作会社へのオーダーの出し方

オーダーのための下準備

イメージ通り、さらにはイメージ以上の看板をつくるために、看板製作会社に対して、オーダーを出すときのコツがあります。

まず、第一におおよその手書きのラフスケッチを準備しておくことです。

本書で勉強したことを踏まえて、通行車両や歩行者の視点から、看板を取り付けようとする場所の写真を撮り、その上に重ねるように、看板に書く文字の内容や、色合いなどを、手書きでよいので、簡単に書いておきます。

すべてを看板製作会社任せにするのではなく、ある程度、自分の頭の中にあることをカタチにして伝えることが必要です。

次に、自分のイメージに近い看板の写真を街中で見つけたら、写真に撮っておくことをおすすめします。街を走っていて「あっ！　うちの看板もこんなイメージでつくりたい」という看板があれば、すかさず携帯カメラなどで撮影しておくのです。

共につくり上げる心構え

厳密に看板の種類を「○○看板」と指定したり、フォントを「○○文字」と指定することのできる知識を持つ必要はありません。イメージを伝えるための「写真」「印刷物」を用意しておくほうが、看板製作会社に正確なイメージが伝わるのです。

最後に、「シミュレーション提案」を出してもらうように、お願いしておきましょう。いわゆる完成予想写真です。お客様志向の看板製作会社では、見積りの時点で、品目や価格だけを羅列した見積書だけではなく、簡単な看板デザインを、現状の店舗写真の上に重ね合わせた「シミュレーション提案」をしてくれます。これによって、イメージどおりの看板に仕上げてくれそうかどうかの確認ができます。

看板屋さんへの注文の方法としては「お手並み拝見」という待ちのスタンスではなく、「共につくり上げてゆく」というスタンスで、よりよく集客できる看板をつくるためのアイデアを出し合うということが大切なのです。

手書きラフスケッチの例

看板を取り付けようとする場所が、通行者(車)からどのように見えているかを写真撮り

▼

その上で、どんな位置にどんな内容の看板をつくりたいのかを手書きスケッチ（できればモデルとなる看板の写真を添付）

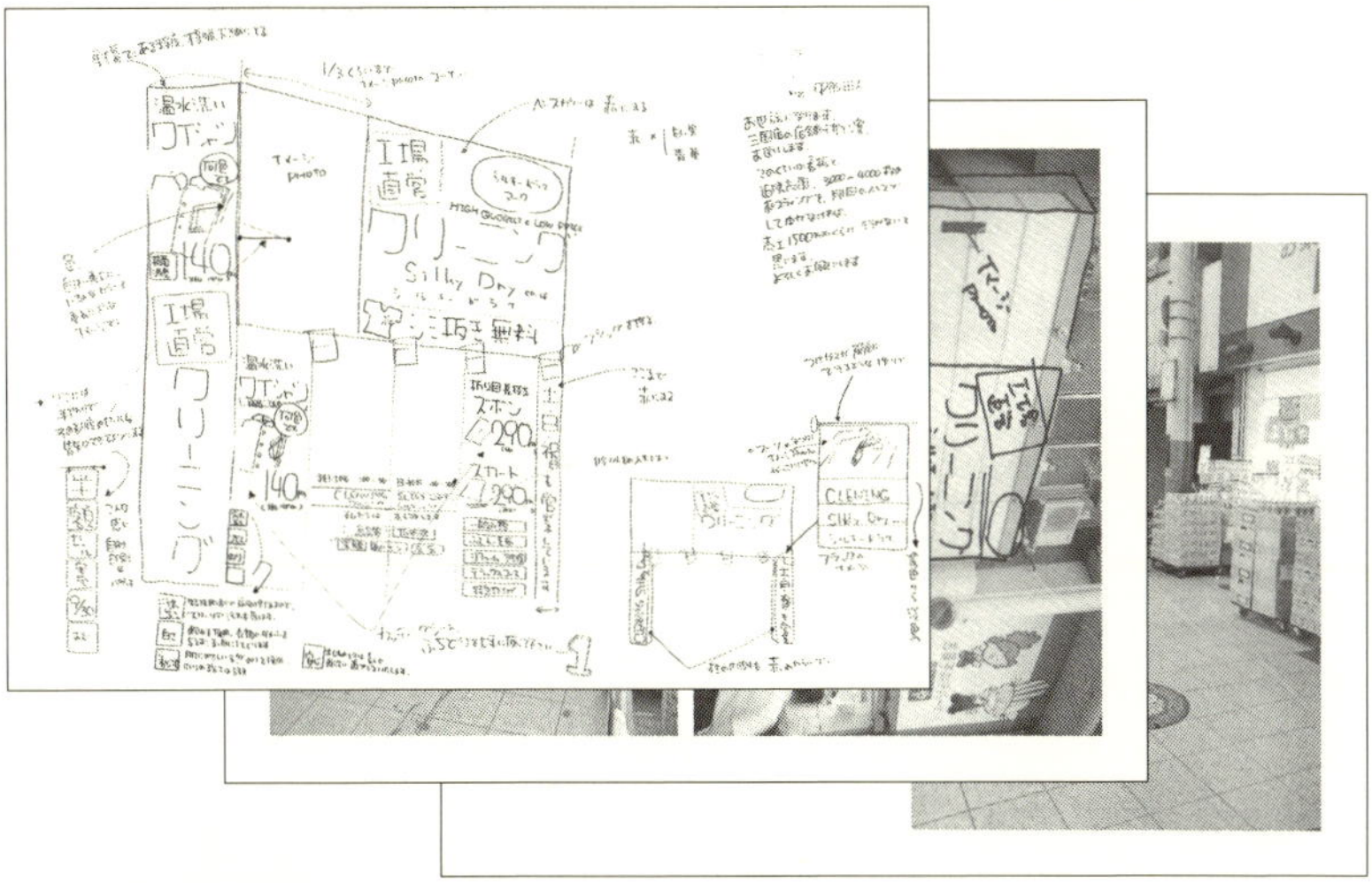

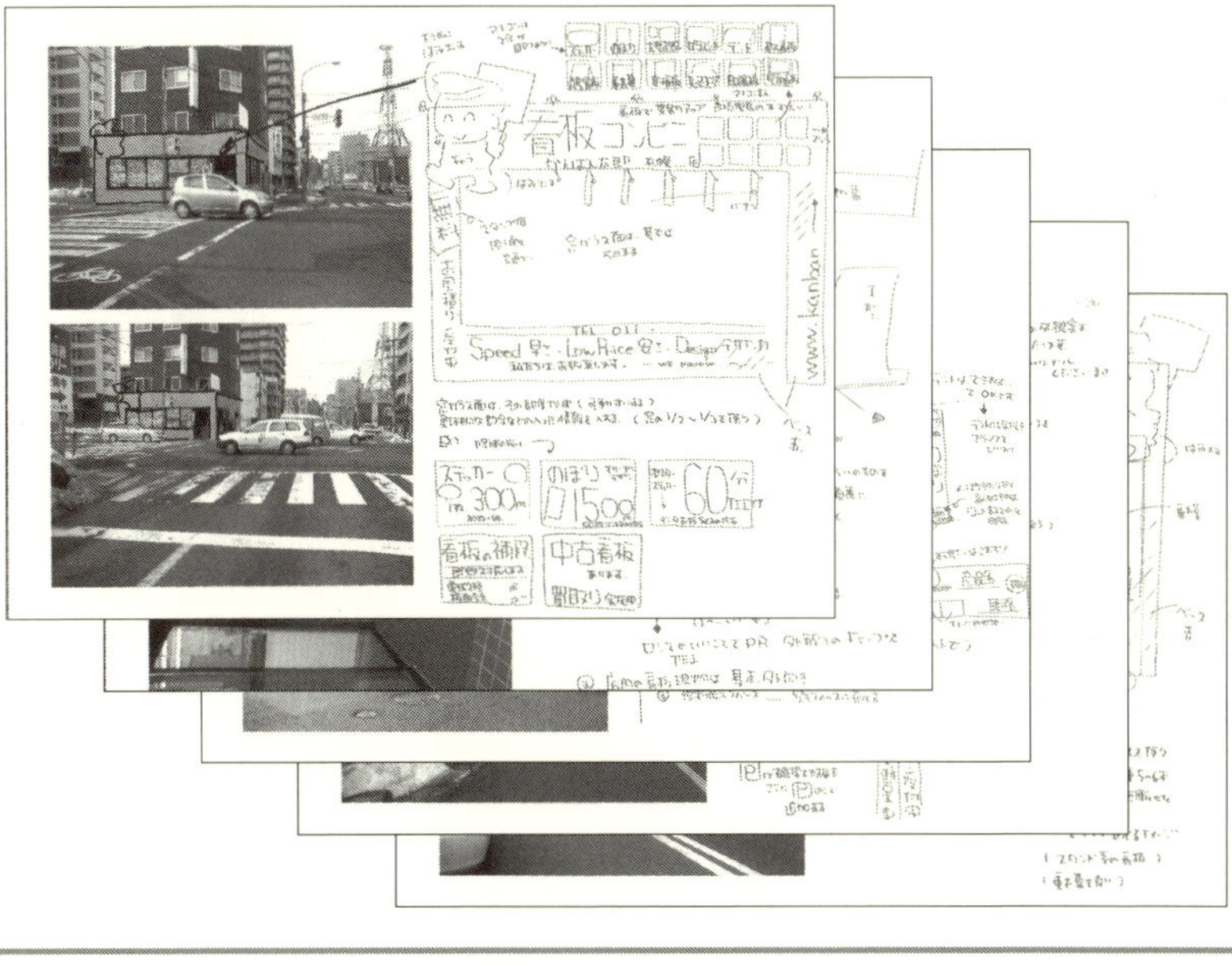

SECTION

08 看板の費用の目安、安く抑える方法 I

一般的に「看板は高い」というイメージがあります。これは、看板製作会社が、あまり価格を提示してこなかったことに原因があります。「値段を提示すると、価格競争になってしまう」とか「価格は一概に即答できるものではない」というのが、代表的な意見です。「一概に言えない」というのは、看板の形状も違い、取り付けがしやすい・しにくいという設置場所も違う、つくる素材も違う……という様々な条件で大幅に価格が変動するからです。

ここでは、注文する側、される側の双方が「よりお客様の支持を受ける看板をつくる」ことができることを第一義に考え、看板業界におけるご支援先や、見積り調査の結果をもとに、各種看板価格の一例を掲載しました。

当然ながら、看板製作会社によって、使用している材料の質・制作の過程・取り付けの方法・デザインや提案、スタッフの質などに、大幅な差があるものと思われますので、参考程度にご覧いただき、詳しくは地元の看板業者に、個別に尋ねてください。

●安く看板をつくる裏ワザ

前述のように同じ商品項目でも、その質による価格差があって当たり前の看板業界。価格だけでどの看板屋さんに発注するかを決めるのではなく、その会社・社員の人柄やデザイン力などを重視すること……それを理解した上で「費用を少しでも安く抑えるためにはどうすればいいか?」このような質問を受けることがあります。

答えは、相見積り先をさらに増やすことでも、さらにしつこくネゴシエーションすることでもありません。まず、1つ目は「できるだけ、早めに発注を確定すること」です。

その理由は、看板業界の経費構造にあります。看板業者の損益計算書項目のなかで一番、経費がかかっているもの。それは「人件費」です。仕事があろうがなかろうが、固定的に払い続けなければならず、仕事があったとしても、納期までに終わらせなければならない仕事については、残業代などを払う必要があるため、これもコスト増となり価格へ反映されることとなるのです。

いろいろな看板料金の目安

■看板の価格の目安

	看板の種類	単位	価格	サイズ	詳細
店外で用いる看板	のぼり	1枚	3,000円～	450×1800mm	単色　20枚発注
	店頭サイン	1枚	35,000円～	900×1800mm	平タイプ アルミフレーム
	袖看板	1枚	50,000円～	450×1800mm	平タイプ アルミフレーム
	A型看板	1枚	30,000円～	600×900mm	トタン木枠
	ガラスシート	1文字	2,000円～	200mm角	切り文字
	スタンド看板	1枚	25,000円～	600×900mm	木枠 立てかけタイプ
	垂れ幕	1枚	30,000円～	800×1800mm	ターポリン ハトメ・ロープ付
	ポール看板	1枚	200,000円～	ポール高さ 3000mm	ポール土台工事含む
	壁面看板	1枚	20,000円～	450×900mm	アルミ
	チャンネル文字	1文字	5,000円～	200mm角	カルプボード
	屋上広告塔	1面 (枚)	150,000円～	1800×2700mm	平タイプ アルミフレーム
	テント看板	1枚	50,000円～	900×1800mm	枠含む
	フラッグ広告	1枚	5,000円～	450×900mm	布生地
	野立て看板	月	20,000円～	据付場所によって変動	
	交通広告	月	10,000円～	据付場所によって変動	
	カーマーキング	1文字	3,000円～	450mm角	
	LED看板	1文字	50,000円～	600mm角	
店内で用いる看板	ポスター	1枚	10,000円～	B1サイズ	マット紙
	バナー	1枚	10,000円～	450×900mm	クロス生地
	POP	1枚	8,000円～	B5サイズ	
	ボード	1枚	30,000円～	600×900mm	アクリル
	カード	1枚	200円～	定期券サイズ	プラスチック 1000枚発注
	ショップアイテム	※アイテムによる			

●データ・デザイン作成費を含まない場合(データ支給の場合)の料金例です。

●上記料金は、あくまで一例です。

●看板のサイズ、カラー、使用する素材のグレード、施工・取り付けの方法、施工場所の難易度、各社の方針、技術レベルによって、料金は変わります。詳しくは最寄りの業者にお問い合わせください。

SECTION

09 看板の費用の目安、安く抑える方法 II

●価格交渉と発注金額

つまり、看板業界としては「仕事の切れ間」に、余裕を持って行える仕事があると、非常に助かるのです。問際になって正式発注していては、安く抑えるための交渉は難しいでしょう。

仕事の大きさにもよりますが、目安としては、少なくとも2ヶ月くらい前に、正式発注するという条件を示せば、よい価格交渉ができるはずです。

100万円までの発注金額なら、すべて2ヶ月までに正式発注。それ以上なら100万円ごとに1ヶ月プラス。たとえば、発注金額300万円なら、基本の2ヶ月プラス2ヶ月で4ヶ月前くらいに正式発注しておけば、価格交渉に乗ってくれる可能性が高くなります。

●発注実績が得をする

次に安く抑えるコツは「継続取引」です。

信頼できる業者さんとの継続取引は、結果的にコストを下げることになります。打ち合わせや意思の疎通もスムーズになり、時間的なコストも削減できますし、定期発注があるという実績によって、いざというときの価格交渉もしやすくなります。

また、最初の作成時から「共につくり上げる」という意識を持っていれば、お互いが「集客力アップ・売上アップを研究する」という協力関係が得られます。

そして成長することができれば、売上が伸びることにより、結果として費用対効果のよい看板づくりができるようになってきます。

よい看板が完成すれば「どの看板屋さんにつくってもらったの？　紹介してよ！」という知り合いも増え、いざ自分の看板をつくるときの価格交渉もさらに有利になります。

看板を発注する際に参考にしていただきたい「価格の目安」を頭に入れながら、少しでも安くよい看板をつくるための交渉をしてみてください。

チラシ1回分のコストで、天気に左右されることも、途中でやめてしまうこともなく、お客様を安定的に呼び続けてくれる「よい看板」をつくってください。

看板づくりはこんな業者さんに任せよう

あとがき

きっと、この何気ないひと言がなければ、本書は、ただの「看板づくりのノウハウ本」になっていたに違いありません。たったひと言が、本書に魂を吹き込み、中西流の「看板マーケティング」を確信に変えさせてくれました。

そのひと言とは……、

誰もが「すごい！」と見上げる、某大手チェーンの立派な看板を指して、

「中西、あのな……、俺は、あの看板を見ても〝また行きたい〟と思わんのよ」

「あんたは〝また行きたくなる看板〟の本を書ける男やで！（バシッ！）」

「また行きたくなる看板？？？」

最初は、まったく意味がわかりませんでした。

この「禅問答」のような深い言葉を、ずっと心に留めながら「本当に売上の上がる看板とは、どんな看板だろうか？」と自問自答しつつ、本書を構成・執筆してきたつもりです。

確かに……、「看板」の役割は、「集客」を増やすことにある。しかし「集客」には2種類ある。「新規」のお客様を増やすのか、「既存」のお客様にリピートしていただくのか。

「新規顧客」の獲得も大切だが、永く繁栄し続けるためには「既存顧客」に「また来たい」と思われる「看板」でなければならない……、私なりにこのように解釈しました。

全国津々浦々のご支援先を訪問するなかで、看板を見つけると、職業柄、条件反射的に注目してしまうのですが、その一瞬の判断ポイントに「この看板は〝また行きたくなる看板〟かどうか？」

という新しい軸を入れて見るようにしました。

その結果、本書を書く過程で、それまで、私の中で、おぼろげでしかなかった「看板で売れるサイクルをつくり出す方法」「商品を基軸とした一気通貫の看板戦術」「スタッフの看板化」などを、はっきりと、カタチとして半永久的に残る「文書」とすることができました。

そして、「看板」とは、日本人が昔から使ってきた言葉の意味に含まれている通り「一番商品」「名物商品」「その店を代表するもの」であり、それを表現できているかどうかが、重要なことであるという真実に気づくことができました。

「看板＝一番商品＝経営」という普遍原則を、はっきりと謳《うた》うことができたのです。

〝また行きたくなる看板〟のひと言をいただいたのは、有限会社経営コンサルティング・アソシエーションの社長であり、私が「コンサルティングの達人」と尊敬している宮内亨氏です。

宮内氏はじめ、数多くの皆さんに支えていただき、本書は完成しました。この場を借りて、感謝の気持ちを述べたいと思います。

変わり者の私を温かく見守ってくださっている株式会社船井総合研究所の小山政彦社長、直属の上司である唐土新市郎氏、住友勝氏。

共に「ご支援先の売上を絶対に上げることのできる存在たらん」とコンサル道を極めようとする仲間・後輩たち。

また、私のご支援先だけではカバーしきれない飲食店（焼肉店、パン店、居酒屋、ラーメン店）の看板事例は、株式会社船井総合研究所・飲食店支援チームの二杉明広氏、今野良香氏とそのご支援先にご協力いただきました。

そして、何と言っても、お付き合いいただいているクライアント・ご支援先・勉強会メンバーのみなさま。

出版のチャンスを与えてくださり、叱咤激励を続けてくれた同文舘出版の古市達彦氏。

両親・親戚・友人に、かわいい息子と愉快な妻。

最後に、この本を最後までお読みくださった、あなた様。本当にありがとうございます。感謝の気持ちでいっぱいです。

どこかでお会いするときには、互いに「現時点」よりも、成長した姿でお会いできるよう、共に精進してまいりましょう！

腕は一流、人気は二流、ギャラは三流　赤ひげ経営コンサルタント　中西　正人

FAX 06-6472-8959 中西宛

「超実戦！　繁盛『看板』はこうつくる」

看板づくり・コミュニケーションシート

本書に掲載されている
看板事例写真をカラーで
無料プレゼント
プラス「コンサルティング・レポート」

本書をお買い上げいただきまして、ありがとうございました。


本書に掲載されている主な看板事例写真をモノクロよりもイメージがしやすいカラー写真でプレゼントいたします。

著者・中西正人が不定期に、支援先・勉強会メンバーに向けて書いているレポートもお付けしています。

お気軽にお申込みくださいませ。

御社名：	業種：
お名前：	お役職：
ご住所：〒	
TEL：	FAX：
E-mail：　@	
●ご感想および、看板づくり・看板屋さん探しのご相談などございましたらご記入ください。	

この面をコピーしてご利用ください

著者略歴

中西　正人（なかにし　まさと）

1972年、兵庫県加古川市生まれ。

兵庫県立加古川東高校、同志社大学を卒業後、株式会社船井総合研究所を経て独立。日本売上アップ研究所を設立。

「腕は一流、人気は二流、ギャラは三流」をモットーに活躍する、町医者的な反骨の経営コンサルタント。

「実戦型・繁盛看板づくり」をはじめとして、「勝利のマーケティング方程式」「売上アップの設計図作成」「90日間行動プラン」「売れる販促ツール実践作成」等のノウハウを駆使して、クライアントの経済的・時間的負担を最小に、最大の効果をもたらすことに定評がある。

クリーニング店、畳店、看板店、印刷業、写真館、葬祭業、墓石店、開業医（内科、産婦人科、皮膚科、耳鼻科）等、小さくても、「技」や「心」を大切に生きている業界、経営者・幹部への業績アップ支援を中心に活動している。定期顧問先は、のべ80社以上、定期勉強会・会員組織メンバーはのべ500社以上、アドバイスをする関係業種は100業種以上を数え、経営者・幹部の参謀役として、全国を飛び回る日々を送っている。

著書に『90日で売上を1.5倍にするマーケティング計画』（同文舘出版）がある。

超実戦！　繁盛「看板」はこうつくる

平成20年11月7日　初版発行
平成25年1月30日　2刷発行

著　者 —— 中西正人

発行者 —— 中島治久

発行所 —— 同文舘出版株式会社

東京都千代田区神田神保町1－41　〒101-0051
電話　営業03（3294）1801　編集03（3294）1803
振替00100-8-42935

ISBN978-4-495-58161-9
印刷／製本：中央精版印刷　Printed in Japan 2008